☆ 인생에 있어 안되는 것은 없다!
"단". 시간이 필요할 뿐이다.
LG Twins!
85

결국 ✳ 너의 시간은 온다

사진 제공

LG 트윈스 홍보팀(김상익, 나인비) 40쪽, 49쪽, 79쪽, 128쪽, 170쪽, 220쪽, 229쪽, 234쪽, 262쪽, 271쪽, 283쪽, 300쪽, 312쪽
스포츠조선 4쪽
연합뉴스 64쪽, 91쪽, 107쪽, 117쪽, 126쪽, 134쪽, 153쪽, 161쪽, 196쪽, 203쪽, 253쪽, 254-5쪽, 293쪽, 335쪽

끝끝내
이기는 승부에
관하여

결국 너의 시간은 온다

염경엽 지음

웅진 지식하우스

나는 인생에 하나만 남겼다.
그러자 전부를 얻을 수 있었다.

프롤로그

생각은 인생을 바꾼다

•

나는 한량이었다. 야구는 뒷전이고, 인생에 목표도 없었다. 하루하루를 그저 즐겁게만 살았다. 그때의 나는 지금의 나를 상상조차 하지 못했다.

세상은 말한다. "사람은 안 변해." 하지만 나는 다르게 말하고 싶다. 사람은 바뀐다. 정확히 말하면, '생각'이 바뀌면 사람은 달라진다. 나는 그걸 내 인생으로 증명했다.

내가 바뀐 데는 두 가지 결정적인 이유가 있었다. 하나는 바닥을 찍는 경험. 또 하나는 내가 목숨을 걸어 지켜야 하는 사람들의 존재, 바로 가족이었다. 그 두 가지가 내 생각을 완전히 바꿨고, 결국 인생을 바꿨다. 이 책을 읽는 사람들에게 나는 말하고 싶다.

"당신도 바뀔 수 있다."

이 책은 야구 이야기로 시작하지만, 인생에 대한 이야기로 끝난다. 나는 LG 트윈스를 떠난 지 12년 만에 감독으로 다시 돌아왔고, 선수들과 함께 29년 만의 우승을 이뤘다. 그리고 지금, 우리는 또 한 번의 우승을 향해 달려가고 있다. 하지만 이 책에서 나는 그보다 더 큰 이야기를 하고 싶었다. 리더십이란 무엇인지, 인간은 어떻게 성장하는지, 그리고 우리는 어떻게 살아가야 하는지.

나는 실패한 야구 선수였다. 유니폼을 벗고 프런트 직원으로 들어간 뒤로는 죽기 살기로 일했다. 건강을 챙길 틈도 없이 하루 3~4시간만 자며 일에 미쳐 살았다. 직원에서 팀장으로, 코치로, 감독으로, 단장으로. 그렇게 나는 내가 설 수 있는 가장 높은 자리까지 올라갔다.

다시 감독으로 복귀한 후에는 우승이라는 마지막 목표를 향해 스스로를 몰아붙였다. 그러던 어느 날, 더그아웃에서 쓰러지고 말았다. 모든 걸 바쳐 달려온 끝에 나를 기다리고 있던 건 승리가 아니라 병상이었던 것이다.

그제야 깨달았다. 죽도록 노력해도 안 될 때가 있고, 그게 인생이라는 것을. 처음엔 받아들이기 어려웠다. 우울증이 찾아왔고, 난생처음 공황장애까지 겪었다. 20년 넘는 노력이 전부 물거품이 된 것 같았다. 하지만 그 깊은 어둠 속에서 어떤 생각이 나를 붙잡왔다.

"너 할 만큼 했잖아. 성공도 했잖아. 정말 열심히 살았다."

주위를 돌아보았다. 최악의 실패를 겪었다고 생각했지만, 내가 바닥까지 떨어지지 않도록 여전히 나를 믿고 붙잡아주는 사람들이 있었다. 내가 권력을 가졌을 때 마구 휘둘렀다면 남아 있지 않았을 사람들이었다. 그때 생각했다. '내가 잘못 살지는 않았구나.'

성공은 영원하지 않다. 하지만 실패를 해도 회복할 수 있는가는 그 성공 시대에 내가 어떻게 살았느냐에 달려 있다. 성공의 본질은 결국 '사람'이다. 리더는 혼자 이기는 사람이어서는 안 된다. 함께 이기게 만드는 사람이 진짜 리더다.

많은 사람이 나를 작전이 많은 감독이라고 생각하지만 의외로 나는 작전이 없는 감독이다. 5회 이전에는 웬만하면 작전을 안 한다. 선수들이 노력한 시간을 믿는 것이다. 하지만 7회부터는 다르다. 그때부터는 선택의 싸움이고 경험의 싸움이다. 투수 교체 하나, 작전 하나, 대타 하나가 경기 결과를 바꾸고, 그 1점 차 승부들이 모여 한 시즌의 순위를 결정한다.

야구는 꼴등도 3분의 1은 이기고, 1등도 3분의 1은 진다. 승부는 나머지 3분의 1이다. 그 3분의 1이 1점 차 승부다. 그것을 얼마나 잘 운영하느냐에 따라서 팀의 운명이 정해진다. 이기는 선택은 하루아침에 만들어지는 게 아니다. 리더십이란 결국, 경험에서 나오는 판단과 믿음에서 오는 뚝심이다. 그것들이 없다면 위기를 이겨낼 수 없다.

인생에서도 마찬가지다. 결정적인 순간, 당신은 무엇을 기준으로 선택할 것인가? 그 선택의 순간을 준비하는 것, 그것이 '리더'라는 자리에 서는 사람의 책임이다.

리더는 매일 수많은 선택을 한다. 그 선택 하나하나가 선수의 미래를 바꾸고, 팀의 성적을 바꾸며, 자신의 인생을 바꾼다. 감독으로 살아오며 나는 수많은 실패와 후회를 겪었고, 그 안에서 몇 가지 분명한 원칙을 발견했다. 야구뿐 아니라 자기 인생을 책임지는 모든 '리더'가 갖춰야 할 조건이다.

첫째, 자기 자신을 지킬 줄 아는 것. 쓰러지고 나서 깨달았다. 건강을 잃으면 모든 것을 잃는다.

둘째, 어떤 상황에서도 무너지지 않는 긍정적인 생각. 부정적인 생각은 현실을 가리는 어둠이다.

셋째, 기회가 왔을 때 붙잡을 수 있는 준비된 실력. 포기하지 않고 꾸준히 쌓아온 사람에겐 반드시 그의 시간이 온다.

넷째, 함께 성공하는 리더십. 나 혼자가 아니라 내 조직 전체가 함께 성장하는 문화를 만들어야 한다.

다섯째, 성공한 이후에도 멈추지 않는 고민과 성찰. 성취와 만족에 머무르지 않고 더 치열하게 공부하고 노력을 쏟아야 오랫동안 전성기를 누릴 수 있다.

어떤 생각으로 살아가느냐에 따라 인생은 완전히 달라질 수 있다. 나는 그걸 살아내며 배웠고, 이제 당신에게도 전하고 싶다.

"생각이 바뀌면 인생이 바뀐다."

이 책이 조금이라도 당신의 생각을 바꿀 수 있다면, 그로 인해 당신의 인생도 바뀔 수 있다면, 그보다 더 큰 보람은 없다.

그런 마음으로 나는 이 책을 썼다.

차례

프롤로그   **생각은 인생을 바꾼다**   **005**

1장 ✦ 절실함, 나에게 없었던 것

재능만으로 충분했던   **017**
프로의 벽   **024**
벤치에서 보이는 것들   **032**
전성기는 지금이다   **041**
모든 변화는 메모에서 출발했다   **050**
국내 최초 선수 출신 프런트   **058**

2장 ✦ 안 되는 것은 없다, 시간이 필요할 뿐

다시 중심에 서고 말겠다   **069**
지도자로서의 출발점   **075**
남자의 자존심   **083**
반드시 다른 문이 열린다   **089**

상향 리더십은 무기가 된다	095
스카우터, 미래의 설계자	102

3장 ✷ 성공 체험을 만들어주는 사람

좋은 부모의 마음으로	115
실력, 그리고 신뢰	121
성장하는 팀을 만드는 5가지	130
매뉴얼은 약속이다	140
경쟁시키지 않는다	149
어떻게 전달할 것인가	156
잘 지는 것도 중요하다	165

4장 ✷ 위기는 반드시 온다

떠나야 할 때를 안다는 것	175
성공은 때로 관계를 변화시킨다	181

경험이 쌓이면 목표는 진화한다 189

원칙을 잊을 때 실패는 시작된다 198

결과와 과정은 결국 하나다 206

5장 ✷ 최고의 순간은 어떻게 만들어지는가

우승을 위해 돌아오다 215

포커페이스를 버리기로 했다 224

달리는 야구의 이유 231

준비된 자에게 위기는 기회다 239

42번의 역전승이 남긴 것 247

29년 만의 우승, 그 감격의 순간 256

6장 ✷ 지속 가능한 승리의 조건

강팀의 비밀, 팀 케미 267

핑계 대지 않는다 274

켈리의 마지막 등판	280
LG 코치는 '극한 직업'?	286
때로는 팀보다 큰 선택을 해야 한다	291
선수를 '키운다'는 것	298
왕조는 시스템이다	308

에필로그	**계속하겠습니다**	314
부록	**염경엽 리더십 노트**	318

1장

절실함, 나에게 없었던 것

고통은 순간이지만, 포기는 영원하다.
_랜스 암스트롱

재능만으로
충분했던

 나는 재능만으로 야구를 하던 선수였다. 야구를 조금 안다는 사람은 이 말에 웃을지도 모르겠다. '통산 타율 1할9푼5리'라는 초라한 성적을 기록한 선수 염경엽이? 야구를 좀 더 아는 사람은 끄덕일 것이다. 신인 드래프트 2차 1라운드, 전체 4번의 높은 순번으로 태평양 돌핀스에 지명되어 첫 해 주전을 뛰며 신인왕으로 거론되었고, 부족한 타격에도 불구하고 단 한 번도 2군으로 내려간 적 없이 10년간 선수 생활을 했으니 말이다.
 하지만 결국 초라하게 막을 내린 내 선수 생활은 재능만으로는 결코 충분하지 않다는 사실을 보여준다. '애매한 재능'이라는 말이 있다. 계속 하자니 모자라고 그만두자니 아까운 재주를 가리키는 표현이다. 하지만 그것은 틀린 말이다. 애매한 것은 재능이 아니라 노력이다. 재능 없이도 성공할 수 있지만, 노력 없이는 결코 성공할 수 없기 때문이다. 돌아보니, 인생의 모든 일이 그랬다.

'야구 선수 손바닥'을 검색하면, 이승엽, 김현수, 최정, 오지환 같은 우리나라를 대표하는 선수들의 물집과 굳은살 가득한 손바닥을 볼 수 있다. 비단 스타 플레이어만 그런 게 아니다. 2군에서 땀 흘리는 선수들도 마찬가지다. 나는 30년 넘게 프로야구에 몸담고 지내며 손에 굳은살 하나 없는 선수를 본 적이 없다. 딱 한 명, 선수 염경엽을 제외하면 말이다.

가끔 내 선수 시절을 궁금해하는 사람들에게 매끈한 손바닥을 보여준다. 운동선수의 몸은 그 자체로 많은 이야기를 한다. 내 손은 내가 얼마나 팔자 좋은 선수였는지 적나라하게 드러낸다. 그만큼 노력하지 않았고, 노력할 필요를 느끼지도 못했다. 그때 나는 그게 부끄러운 줄도 몰랐다.

―

치면 안타가 되고, 뻗으면 아웃을 잡는

애당초 내 의지로 시작한 야구는 아니었다. 우리 집은 말하자면 공부하는 집안이었다. 아버지는 고려대 법대를 졸업했고 형들과 누나도 공부를 잘해 좋은 대학에 들어갔다. 그들을 보며 자랐기에, 나 역시 공부로 대학을 가겠거니 했다. 그런데 아버지는 다른 꿈을 품으셨다. 스포츠를 무척 좋아하셨는데, 막내는 운동선수로 키우고 싶었던 것이다. 동네에서 친구들과 놀며 공 좀 친다는 소리 듣던 나는 아버지 손에 이끌려 야구부에 들어갔다. 초등학교 3학년 때 일이었다.

막상 들어간 야구부는 동네 야구와 차원이 달랐다. 일단 훈련이 무지하게 많았다. 감독님과 코치님이 시키는 대로 하루 종일 치고 받고 달리고 굴렀다. 고된 훈련을 마치고 온몸에 흙먼지를 뒤집어쓴 채 터덜터덜 집으로 돌아오는 길이면 "야구 그만둘래요"라는 말이 턱끝까지 차올랐다. 그 말을 끝내 삼켰던 것은 아버지가 두려워서가 아니라(전혀 아니라고 할 순 없지만), 야구가 재밌었기 때문이다. 훈련은 너무 싫었지만, 시합하는 게 정말 좋았다.

나는 누구보다 게임을 즐기는 아이였다. 공이 보여서 공을 치면 안타가 됐고, 손을 뻗으면 글러브에 공이 들어왔다. 재미가 없을 수 없었다. 3월생인데도 한 해 일찍 입학한 탓에 한 살 많은 친구들과 학교를 다녔다. 신체 발달 정도로 따지자면 동기들에 비해 가장 불리한 위치였지만, 야구로는 전혀 밀리지 않았다. 오히려 나보다 머리 하나는 큰 아이들보다 더 잘했다. 그다지 노력하지 않아도 다른 선수들보다 안타 몇 개 더 치고, 아웃카운트 몇 개 더 잡을 수 있었으니, 야구 재능은 타고났던 것 같다.

인생 처음이자 마지막 가출

중학교에 올라가서도 마찬가지였다. 시합은 즐거웠다. 성적도 좋았다. 하지만 훈련은 죽을 맛이었다. 왜 하는지도 모른 채 무작정 굴러야 하는 훈련을 묵묵히 감내할 만큼 우직한 성격도 아니었고, 절실함도 없었다.

강압적이고 폭력적인 훈련 문화도 문제였다. 교육이라는 명목으로 체벌이 당연시되던 시절이다. 운동부는 오죽했을까. 맞는 게 지긋지긋했다. 그러다 김기태 전 감독을 꼬드겨 합숙소를 뛰쳐나왔다. 광주역에서 편도 기차표를 사서 무작정 서울로 향했다. 중학교 3학년, 인생 처음이자 마지막 가출이었다.

적당히 요령을 부리던 나와 달리, 기태는 그때 이미 누구보다 절실하게 야구를 하던 아이였다. 그런 기태조차 가출을 감행했다는 사실이 당시 청소년 스포츠계의 그늘을 여실히 보여준다. 얼마나 많은 재능 있는 아이들이 견디지 못하고 야구를 그만두었을지 생각하면 마음이 아프다. 단순히 혹독한 게 문제가 아니다. 코칭에는 분명한 목표가 있어야 하고 선수들에게 그것을 납득시켜야 한다. 그것이 지도자의 역할이다.

막상 서울역에 도착했지만 갈 곳이 없었다. 챙겨온 용돈은 순식간에 바닥났다. 남은 돈을 긁어모아 구두약과 솔을 샀다. 스파

이크를 닦던 실력을 발휘해서 구두닦이를 하자고 나름 복안을 낸 거다. 당시 구두 한 켤레를 닦으면 300원을 받았다. 짜장면 한 그릇이 500원이고, 지하철 기본요금이 110원이던 시절이다. 기태랑 둘이 하루에 열 켤레만 닦아도 얼추 버틸 수 있겠다는 계산이었다.

하지만 현실은 결코 만만하지 않았다. 역 근처 적당한 장소를 골라 자리를 펴고 손님을 기다리는데, 어느 순간 구두닦이들이 우르르 몰려와 우리를 에워쌌다. 당장이라도 주먹을 날릴 기세로, 누구 허락 받고 장사하냐며 우리를 윽박질렀다. 구두 닦는 일에도 구역이 있다는 사실을 그때 처음 알았다. 하마터면 맞아 줄 뻔한 상황에서 겨우 탈출한 우리는 사흘을 더 버티고 가족들에게 붙잡혔다. 내색하지 않았지만 내심 안도했다. 야구만 하던 까까머리 중학생들에게 세상은 너무 크고 가혹했다.

엄청 깨질 것을 각오하고 학교로 돌아갔는데, 의외로 훈계만 듣고 말았다. 맞기 싫어서 가출한 애들을 또 때릴 수는 없었던 모양이다. 덕분에 기태나 나나 무사히 중학교를 마칠 수 있었다. 지금 생각하면 얼마나 다행인지 모르겠다. 만약 그때 야구를 그만뒀다면 나는 둘째치고라도, 한국 야구는 김기태라는 걸출한 선수를 잃어버렸을 게 아닌가.

때를 놓친 선수가 할 수 있는 일은 후회뿐이다

기태와는 광주일고로 진학하며 계속해서 함께 야구를 했다. 우리가 3학년이 되었을 때 이종범이 1학년으로 들어왔는데, 이 친구도 기태 못지않은 악바리였다. 아버지가 잔소리도 많이 하셨다. "기태랑 종범이는 저렇게 열심히 하는데 너는 맨날 잠만 자냐. 노력을 좀 해라."

하지만 나는 누가 억지로 시키면 더 안 하는 스타일이었다. 솔직히 말하면 구태여 노력할 필요를 느끼지도 못했다. 황금사자기 우승을 차지했고, 개인상도 받았겠다, 한미일국제고교야구대회에 국가대표로 뽑혀 태극 마크까지 달았으니 아쉬울 게 뭐가 있겠나.

오만하기 짝이 없었다. 하지만 깨달음은 언제나 늦게 온다. 꺾이고 추락하면 깨닫고 싶지 않아도 절절하게 느낄 수밖에 없다. 바닥에서 다시 날아오르기 위해서는 뼈를 깎는 노력이 필요하다. 아무리 노력해도 영영 다시 못 올라가기도 한다. 모든 일에는 때가 있고, 운동선수에게는 더욱 그렇다. 때를 놓친 선수가 할 수 있는 일은 후회뿐이다. 내가 그랬던 것처럼.

그러니 할 수 있다면 그 전에 깨달아야 한다. 스스로 깨달을 수 없다면 자신을 깨우쳐줄 누군가를 만나야 한다. 그때 나를 붙잡고 지금이 얼마나 중요한 시기인지, 얼마나 많은 것들이 이 순간의 노력에 달려 있는지, 생각만큼 사회는 쉽지 않고 야구 아닌 다른 걸로 돈 벌기가 얼마나 어려운지 정신이 번쩍 들도록 일깨워준 사람이 있었더라면 어땠을까.

그래서 후배들에게는 내가 그 역할을 하려 한다.

...

**'애매한 재능'이라는 말이 있다.
하지만 애매한 것은 재능이 아니라 노력이다.
재능 없이도 성공할 수 있지만,
노력 없이는 결코 성공할 수 없기 때문이다.
인생의 모든 일이 그렇다.**

프로의 벽

대학에 진학한 후에도 꽃길만 걸었다. 고등학교 졸업하고 바로 프로야구로 직행하는 경우가 거의 없던 시절이다. 연세대와 고려대는 모든 고등학생들이 꿈꾸는 대학야구의 양대산맥이었다. 나는 원하는 곳에 들어갈 수 있는 상황이었고, 고대를 선택했다. 사실 좀 더 세련된 이미지인 연대에 가고 싶었지만, 아버지는 내가 고대 법학과에 들어가 당신의 후배가 되기를 원하셨다. 이번에도 나는 아버지 말씀을 따랐다.

고등학교 야구부와 대학 야구부는 또 달랐다. 광주일고도 야구 명문이었지만, 고대 야구부에는 전국에서 가장 잘한다는 선수들이 모여 있었다. 신입생이 10명이라면 그중 7명이 청소년 대표

였을 정도다. 그리고 고대 특유의 끈끈하면서도 압박하는 문화가 있었다. 2학년 때까지는 그런 분위기에 영 적응하지 못하고 도망다니기 바빴다. 전통적으로 고대 야구부 기강이 워낙 센 탓에 훈련 중에 도망치는 경우가 많았는데, 그런 선수들을 가리켜 '빠삐용'이라고 불렀다.

빠삐용이 정신을 차리고 야구를 제대로 시작한 건 3학년 때부터였다. 학년이 높아지면서 제재가 덜해진 것도 있고, 지금껏 아버지 속을 너무 썩였다는 자책이 들었다. 그해부터 주전으로 출전하며 크고 작은 경기에서 팀을 승리로 이끌었다. 벼락치기하듯 대회를 앞두고 며칠 바짝 훈련하면 경기에서 안타 치고, 홈런 치고, 우수 선수로 뽑히고, 팀은 우승을 했다.

그때는 정말 그랬다. 모든 게 쉽게, 너무나도 쉽게 손에 들어왔다. 쉽게 얻은 것은 쉽게 잃는다는 인생의 진리를 알기에는 아직 어렸다. 내가 이룬 작은 성취에 지나치게 취해 있었다.

심지어 프로 선수가 되겠다는 목표도 없었다. 저녁이면 나이트클럽으로, 겨울이면 스키장으로 나다니며 온통 노는 생각뿐이었다. 그때 막연히 품었던 꿈이라곤 압구정동 카페 주인이 되는 것이었다. 술도 못하면서 압구정동의 밤을 휘젓고 다녔으니, 지금도 김기태 전 감독은 "한국 프로야구 최초의 '야타족' 출신 감독"이라며 나를 놀린다.

노는 게 더 좋았던 엉터리 선수

처음으로 프로 선수가 되겠다는 결심을 한 건 대학교 4학년 여름이었다. 훈련을 마치고 숙소에서 뒹굴거리는데 누군가 말했다.

"더운데 야구장이나 갈까?"

"야, 아이스박스에 음료수 채워!"

곧장 차에 친구들을 태우고 잠실구장으로 출발했다. 해태 타이거즈와 LG 트윈스의 경기가 있는 날이었다. 그라운드가 한눈에 내려다보이는 내야석 꼭대기에 앉아 경기를 보는데, 온몸에 소름이 돋았다. 놀랍게도 프로야구를 보러 간 게 그때가 처음이었다.

그건 정말이지 압도적인 경험이었다. 넓은 잠실구장을 가득 채운 사람들, 그들이 내뿜는 열기와 환호. 여름 해가 기울며 주홍빛 노을이 하늘을 물들이고, 경기장을 비추는 환한 라이트 아래에서 선수들이 공을 던지고 치고 달렸다. 그건 지금껏 내가 하던 야구와는 무언가 다르게 보였다.

냉정하게 말해서, 그때까지 나는 야구라는 게임 자체를 좋아한 건 아니었다. 내가 직접 몸을 움직여 경기를 뛰는 감각이 좋았을 뿐, TV 중계도 거의 보지 않았고 응원하는 팀도 없었다. 그러나 그날, 관중들의 뜨거운 함성 속에서 뛰는 선수들을 지켜보며 저 곳이 내가 있어야 할 자리라는 생각이 들었다.

그때부터 지명을 받으려고 꽤 열심히 했다. 남들보다 열심히 했다고는 못 해도, 최소한 남들만큼은 했다. 그해 전국대학야구 추계리그에서 타율 3할8푼에 홈런 6개를 기록했다. 결승전에서 만난 동국대를 11대 3으로 꺾으며 전국대회 우승을 차지했고, 나는 최우수 선수로 선정되는 영광을 누렸다.

"태평양 돌핀스는 2차 1라운드로 고려대학교 유격수 염경엽을 지명합니다."

나는 졸업과 동시에 태평양 돌핀스에 지명되며 프로야구 선수가 되었다. 이제 남은 목표는 하나였다. 최대한 빠른 시일 내에 주전 선수 되기. 선수단의 면면을 살펴보며 생각했다.

'어렵지 않겠는데?'

미친놈이라고 해도 할 말이 없다. 하지만 그때는 그랬다. 야구를 하며 한 번도 뜻대로 되지 않은 일이 없었으니까. 조금만 보여주면 곧바로 주전 자리를 꿰찰 수 있을 거라는 확신이 들었다. 스프링캠프 기간 동안 확실히 눈도장을 찍기로 마음먹고 미친 듯이 훈련했다. 선수로서의 성장 같은 것은 머릿속에 없었다. 그저 감독 눈에 들기 위해서 최선을 다했다. 결과는,

'1991년 4월 5일 LG 트윈스와의 개막전 유격수 선발 출장.'

나는 주전으로 직행했다. 4월 한 달 동안 3할 타율을 기록하며 신인왕 후보로 거론되기 시작했다. 야구 열기가 지금만큼 뜨겁던 시절이다. 자고 일어났더니 유명 인사가 되어 있었다. 팬클럽이

생겼다. 경기를 마치고 운동장을 나설 때는 팬 수십 명이 차를 둘러싸며 내 이름을 연호했고, 집으로 돌아오면 거기도 팬들이 기다리고 있었다. 아파트 주민들이 항의할 정도였다.

정신을 차릴 수 없었다. 주전이 되겠다는 목표를 조기 달성한 나는 순간을 만끽했다. 자연스럽게 훈련은 뒷전이 됐다. 지방 원정을 가면 선수들과 어울려 나이트클럽을 전전했고, 서울이나 인천에서 경기를 마치면 지인들과 함께 술자리를 즐겼다. 웨이트 트레이닝도, 체계적인 훈련 프로그램도 없던 시절이었다. 자기 몸은 선수가 각자 알아서 관리해야 했는데, 그렇게 놀아댔으니 원래도 부족했던 체력이 남아나질 않았다.

―

전성기는 짧고 내리막은 길었다

5월이 되자 체력의 한계가 느껴졌다. 조금 쉬며 체력을 보충하고 싶어도 떠밀리듯 경기에 나가야 했다. "못 쳐도 되니까 그냥 수비만 해." 코칭스태프와 선배들이 다독였다. 안타를 못 쳐도 술이며 밥이며 사주겠다는 사람들은 줄을 섰다. 나는 어느새 야구가 아니라 나를 인정해주는 사람들에게 빠져버렸다.

시즌 막판, 팀이 순위 싸움에서 밀려나며 포스트시즌 탈락이 확정될 무렵, 때마침 손가락 부상으로 엔트리에서 빠지게 되었다. 이제 와서 고백하자면, 사실 꾀병이었다. 팀이 4강도 못 갔는데 게임을 뛸 이유가 있나 싶었다. 나는 일부러 슬라이딩을 하고 손가락을 삔 것처럼 해서 자체 휴가를 떠났다. 야구보다 노는 게 더 좋았던, 그야말로 엉터리 선수였다.

변명하자면, 그렇다고 팀 분위기를 해친 건 아니었다. 시합에 나가면 최선을 다한다, 그게 처음 시작했을 때부터 지켜온 내 야구였다. 시합에서는 언제나 내가 해야 하는 것, 할 수 있는 것은 다 했다. 그래서 아무도 내가 꾀병을 부린다는 걸 몰랐다. 그동안 쌓아온 이미지가 있었으니까. 열심히는 하는데 체력이 약해, 의욕이 앞서서 가끔 부상도 당해, 그렇지만 허슬은 있어. 그게 선수 염경엽에 대한 평가였다. 팀 입장에서도 어차피 포스트시즌 진출에 실패한 이상 그런 선수를 쉬게 해주는 편이 나았다.

그때는 그렇게 생각했고, 그걸로 충분했다. 그 업보는 시간차를 두고 고스란히 내게 돌아왔다.

주전은 되었지만 성적은 실망스러웠던 첫 시즌을 치른 후에도 선수 염경엽은 달라지지 않았다. 적당히 훈련하고, 열심히 시합하고, 즐겁게 놀았다. 시즌 초에 바짝 몰아치고 갈수록 퍼지는 패턴도 그대로였다. 고질적인 체력 부족을 극복하기 위한 어떤 노력도 기울이지 않았다. 어느새 나는 수비만 잘하는 반쪽짜리 선수가 되어 있었다. 그렇다고 위기감을 느끼지도 않았다. 여전히 주전이었으니까.

1994년 경향신문에 실린 기사

    1994년에는 유격수 최소 실책(119경기/8실책)을 기록하며 '수비형 유격수'로 나름 인정을 받았다. 팀의 한국시리즈 진출에 기여한 점을 인정받아 연봉은 두 배로 올랐다. 시즌을 마치고 결혼도 했다. 나를 인정해주는 일터가 있고, 더불어 내가 지켜야 할 가정이 생겼다. 남자라면 누구나 그렇겠지만, 안정감과 함께 강한 책임감이 느껴졌다.

    이듬해 스프링캠프에서는 정말 열심히 훈련했던 기억이 난다. 아내가 보고 싶은 마음에 하루하루 달력에 X 표시를 하며 집에 돌아갈 날을 손꼽아 기다렸지만, 그래도 훈련에 임하는 자세만은 어느 때보다 진지했다. 프로 선수로서 한 단계 도약해야 하는 순간이 왔음을 무의식 중에 느끼고 있었던 것이다.

그러나 이번에는 진짜 부상이 발목을 잡았다. 6월에는 수비를 하다 왼쪽 손목 인대가 늘어나는 바람에 3주 동안 결장했고, 그 후로도 계속해서 오른쪽 무릎이 말썽을 부렸다. 선발보다 대수비로 나가는 경기가 많아졌고, 경기 감각이 떨어지면서 자신 있던 수비에서도 실책을 연발했다. 엎친 데 덮친 격으로, 경영난을 겪던 모기업 태평양이 시즌 중반 팀을 현대에 매각했다. 직전 시즌 준우승을 기록했던 태평양 돌핀스는 일 년 만에 8개 팀 중 7위로 고꾸라졌다.

내가 걷던 꽃길도 거기까지였다.

...

무슨 일이든 마음만 먹으면 그대로 될 것 같았다.
아니, 구태여 마음을 먹을 필요도 없었다.
모든 게 쉽게, 너무나도 쉽게 손에 들어왔다.
쉽게 얻은 것은 쉽게 잃는다는
인생의 진리를 알기에는 아직 어렸다.

벤치에서
보이는 것들

각오는 하고 있었다. 그러나 막상 개막전 전광판에 뜬 선발 명단에 내 이름이 없는 것을 확인하자 북받치는 감정을 삼킬 수 없었다. 애국가를 끝까지 부르지 못하고 화장실로 뛰어가 펑펑 울었다. 학창 시절 훈련을 하며 두들겨 맞을 때도 흘리지 않던 눈물이었다.

현대 유니콘스 초대 감독으로 부임한 김재박 감독은 공격력 강화를 최우선 목표로 천명했다. 수석코치로 일하며 팀을 속속들이 파악하고 있었고, 우승을 위해서는 무엇보다 타선 보강이 절실하다고 판단했던 것이다. 1996 신인 드래프트에서 고교 최고 유격수로 꼽히던 인천고 박진만을 2억 8천만 원이라는, 당시로서는 천문학적 금액의 계약금을 주고 영입했다. 직전 시즌 1할6푼2리의 보잘것없는 타율을 기록한 수비형 유격수가 설 자리는 없었다.

  초등학교 3학년 때 야구를 시작한 이후 나는 늘 중심에 있었다. 팀의 주장이었고, 리더였고, 야구를 가장 잘하는 사람이었다. 프로에 들어와서도 타격은 부진했지만 내야 수비의 중심으로 팀의 승리를 함께했다. 주전이 아니었던 적은 단 한 번도 없었다. 직전 시즌 부상과 부진으로 경기에 출장하지 못한 경기가 많았지만, 그때도 주전 유격수는 여전히 나라고 생각했다. 그렇기에 충격은 더욱 컸다.

―

포기가 가장 쉬웠다

인생에서 처음 마주한 실패 앞에서 가장 먼저 떠올린 건 '포기'였다. 그때까지는 어려운 게 없었다. 모든 게 다 쉬웠다. 반대로 말하면, 단 한 번도 역경을 딛고 이겨내본 경험이 내게는 없었다. 어떻게 하면 빨리 그만둘 수 있을까 고민하며 하루하루를 보냈다. 피나는 노력을 해서 다시 주전이 되겠다는 결심은커녕 야구판을 떠나 다른 일로 나를 증명하겠다는 오기가 뻗쳤다.

  죽음을 선고받은 사람이 자신이 죽는다는 사실을 받아들이기까지 다섯 단계를 거친다고 한다. 부정, 분노, 협상, 우울, 그리고 수용. 돌아보면 나 역시 비슷한 단계를 거쳤던 것 같다.

처음엔 얼마 지나지 않아 모든 게 제자리로 돌아갈 거라고 생각했다. 비록 개막전 선발 라인업에서는 빠졌지만 시즌이 진행되면서 자연스럽게 복귀할 거라고 말이다. 어설픈 착각이 깨지는 데 필요한 시간은 2주면 충분했다. 점점 분노가 차올랐다. 코치로 계실 때부터 믿고 따랐던 감독님에 대한 원망도 커졌다. 팀을 이끄는 입장에서 어쩔 수 없는 결정임을 머리로는 이해하면서도, 그 대상이 나라는 사실은 받아들이기가 힘들었다.

한동안 카페 자리를 알아보겠다며 압구정동을 돌아다니기도 했다. 갓 태어난 아이에게 백업으로 밀려난 아버지의 모습은 정말이지 보여주고 싶지 않았다. 하지만 현실은 냉혹했다. 나름 머리를 잘 쓴다고 내심 자부했는데, 바깥세상은 말 그대로 차원이 달랐다. 어처구니없는 사기까지 당하고서야, 평생 야구만 하며 살아온 스스로가 사회에서 얼마나 경쟁력이 없는지 받아들였다. 까까머리 중학교 시절 서울역 앞에서 줄행랑치던 신세에서 조금도 성장하지 못한 기분이 들었다.

'그래, 이민을 가자. 야구도 못 하는데 쪽팔리게 여기서 어떻게 살아?' 당시 캐나다는 문화예술인이나 운동선수가 전문 기술을 전수한다는 조건으로 영주권을 내주는 '자영이민'이라는 제도를 운영하고 있었다. 캐나다 단풍나무로 만든 배트가 한창 유행할 때였다. 캐나다에 배트 공장을 차려서 한국이나 일본에 수출하면 남부럽지 않게 살 수 있을 것 같았다.

곧바로 이민 신청을 넣고 영어 학원도 등록했다. 지금도 그렇지만 나는 아이디어가 떠오르면 곧바로 실행하지 않곤 못 배긴다. 수속은 수월하게 진행되었고, 이제 마지막 면접만 남은 상황이었다.

"당신은 모든 조건이 충족되는데 사업계획서를 잘못 써서 탈락입니다."

대사관 직원이 안타깝다는 듯 말했다.

"자영이민이라는 취지가 있지 않습니까. 어린이 야구 교실을 열어 캐나다 어린이들에게 야구를 가르쳐준다는 계획을 1순위로 쓰고, 배트 공장을 2순위로 썼어야 하는데 순서가 반대로 됐어요."

"그럼 어떻게 하죠? 사업계획서를 다시 제출하면 됩니까?"

"심사에서 탈락하면 다시 자격이 생기는 데 5년이 걸립니다. 5년 후에 다시 오십시오."

이민의 꿈은 그렇게 어이없이 날아가버렸다.

―

한 번이라도 절실했던 적 있었나

물론 그러는 동안에도 야구장으로 출근했다. 평생 야구장에 가는 게 그렇게 싫었던 적이 없다. 경기 내내 벤치를 데우고 있다가 지시에 따라 후반 대수비와 대주자로 그라운드에 나갔다. 가끔은 타석에 서기도 했다. 하지만 이미 마음은 야구를 떠나 있었다. 경기에 전혀 집중하지 못한 채 배트를 휘둘렀다. 1996년과 1997년에는 단 하나의 안타도 치지 못했고, 열세 번 도루를 시도해서 고작 세 번 성공했다. 51타석 연속 무안타라는 프로야구 역사상 유일무이한 '대기록'이 세워지고 있었다.

벼랑 끝에 몰린 기분이었다. 팀은 1998년 한국시리즈에서 LG 트윈스를 꺾으며 창단 첫 우승을 차지했지만, 나는 무색무취의 후보 선수가 되어 엔트리만 차지하고 있었다. 한 신문에서는 포스트시즌 동안 한 번도 타석에 들어서지 않고 대수비로만 4경기를 뛰고 우승 보너스를 받게 되었다며 '불로소득자'라고 조롱하기도 했다(사실이 아니다. 나는 타석에 섰다. 손혁에게 삼진을 당했을 뿐).

이윽고 진짜 '바닥'을 찍는 순간이 왔다. 우승 피로연이 있던 날이었다. 아내와 아이를 데리고 피로연이 열리는 송도비치호텔에 갔다. 연회장에 들어서니 앞쪽 메인 테이블에 다른 선수들이 가족과 함께 앉아 있는 모습이 보였다. 그런데 우리 가족을 위한 자리는 없었다. 한참을 헤맨 끝에 뒤쪽 구석진 곳에 놓인 염경엽이라는 이름을 발견했다. 선수가 아니라 구단 직원들이 앉는 테이블이었다.

그것이 내 자리였다. 선수 염경엽의 자리였고, 그 아내와 아이의 자리였다.

엄청난 충격이었다. 망치가 머리를 쾅 내려친 듯한, 아니 운석이 날아와 머리 위로 떨어진 느낌이었다. 내 가족이 형편없는 대접을 받는 걸 보고 있으려니 남자의 자존심이 처절하게 무너졌다. 고개를 들 수 없었다. 미안해서 아내의 얼굴을 쳐다볼 수조차 없었다.

그날 이후 사흘 밤을 제대로 못 잤다. 잠든 아내와 아이를 바라보며 생각했다. '이제 진짜 그만둬야 하나.' 하지만 그런 생각도 들었다. '지금까지 네가 무슨 노력을 했는데? 남들만큼 노력해본 적 없잖아.' 돌아보면 정말 그랬다. 한 번도 절실하게 야구를 대한 적이 없었다. 스스로가 한심했다. 제대로 해보지도 않고 이렇게 그만둬서는 안 된다는 생각이 들었다.

'1년. 딱 1년만 목숨 걸고 야구를 하자.'

그때부터 나는 달라졌다. 누구보다 열심히 훈련에 임했다. 집에 돌아가서도 늦은 밤까지 배트를 휘둘렀다. 할 수 있는 모든 노력을 했다.

하지만 한번 빼앗긴 자리는 다시 돌아오지 않았다. 여러 코치의 조언을 받아 타격 폼도 수정해봤지만, 오히려 나쁜 습관만 몸에 배었다. 이 사람 저 사람 말을 무작정 따르다 보니 그나마 내가 가진 장점조차 잃어버린 것 같았다. 나중에야 알았다. 생각 없는 노력은 그저 노동에 불과하다는 것을. 결과를 얻기 위해서는 막연한 노력이 아니라 정확한 노력이 필요한 법이다.

후회도 많이 했다. 하지만 어쩌겠는가. 나는 선수로서 골든 타임을 놓쳐버렸다. 누구를 원망할 수도 없었다. 내게 주어졌던 수많은 기회를 걷어찬 건 나였으니까.

선수가 아니라면 나는 야구로 무엇을 할 수 있을까? 고민하고 또 고민했다. 그러면서 정확한 목표를 세웠다. 우선은 코치가 되자. 선수로 1등이 될 수 없다면 지도자로 1등을 하자. 제2의 야구 인생은 무시당하는 조연에 머무르지 말자. 제대로 공부하면서 착실하게 나의 시간을 준비하자.

생각이 바뀌자 자연히 관점이 바뀌었다. 벤치에 앉아 있을 때도 그라운드에 있을 때처럼, 아니 그때보다 더 경기에 몰입하기 시작했다. 가끔은 바둑을 두는 당사자보다 옆에서 훈수를 두는 사람이 게임을 더 잘 읽는 것처럼, 벤치에서 비로소 보이는 것들이 있었다. 달리 생각하면, 벤치는 코칭스태프의 자리이기도 하다. 나는 감독의 눈으로 경기를 보기 시작했다. 우리 팀 감독뿐 아니라 상대 팀 감독이 경기 도중 어떤 판단을 내리고 어떤 행동을 하는지 상세히 관찰하면서 보고 느낀 것을 다 메모했다. 수첩이 늘 빼곡했다.

집에 돌아오면 메모한 것들을 정리하며 깊이 고민했다. 상대의 작은 플레이 하나에도 '왜지?'라는 의문을 품었고, 의문을 풀기 위해 야구 관련 책이란 책은 모조리 사서 읽었다. 번역이 안 된 원서들은 해외에서 공수해서 사전을 찾아가며 읽었다.

나에게 주어진 대주자 역할도 더 잘하고 싶었다. 그래서 가장 먼저 관찰한 것은 투수들의 투구 폼이었다. 도루를 잘하려면 상대 투수의 습관을 잘 알아야 한다. 이때부터 스톱워치를 가지고 다니기 시작했다. 투수의 투구 동작에 걸리는 시간, 견제를 할 때 걸리는 시간을 체크했다. 스톱워치는 코치 시절에도 그리고 감독이 된 지금까지도 경기 때마다 늘 내 손에 들려 있다. 메모한 내용들은 모두 정리해서 스스로 숙지했을 뿐 아니라, 팀 동료나 코치들에게도 공유해주었다. 아직 데이터 기반 전력 분석이라거나 세이버메트릭스라는 것이 없다시피 한 시절이었다.

벤치에서 시작된 메모하고 공부하는 습관은 이후 25년이 넘는 세월 동안 멈추지 않았다. 그리고 그것은 다시 시작된 나의 야구 인생에서 가장 큰 자산이 되었다.

...

**벤치에서 비로소 보이는 것들이 있었다.
상대의 작은 플레이 하나에도 '왜지?'라는
의문을 품었고, 의문을 풀기 위해 야구 관련
책이란 책은 모조리 사서 읽었다.**

전성기는 지금이다

흔히 "노력하는 사람은 즐기는 사람을 이길 수 없다"라는 말을 한다. 내 경험상 거짓말이다. 아무리 좋게 말해도 반쪽짜리 진실이다. 내가 누구보다 즐기는 야구를 했던 선수였기에 잘 안다. 노력 없이 누린 즐거움은 오래가지 못했다. 프로에 오자마자 놀랄 정도로 빠르게 체력이 한계에 부딪혔고 성적은 곤두박질쳤다.

즐기는 야구? 그것은 사회인 야구에서나 가능하다. 프로의 세계에서 노력은 기본값이다. 노력 없는 즐거움은 나오로 직행한다. 그렇다고 반대로 노력만 하면서 즐기지 못한다면 그 노력은 곧 고통이 된다. 결국 방향을 잃고 지쳐 쓰러진다. 내가 깨달은 진실은 이것이다. '노력을 즐기는 사람이 이긴다.'

노래방에서 신나게 노래하는 사람은 그냥 취미 생활을 즐기는 사람이다. 가수가 되고 싶다면 더 잘 부르기 위해 목과 몸을 관리하고, 매일 발성 훈련을 하고 노래 연습을 해야 한다. 그 과정이 괴롭기만 하다면 오래 버티지 못한다. 그러나 그 노력을 즐길 수 있다면 이야기가 달라진다. 반복되는 연습에서 재미를 찾고 차이를 만들고 성취감을 얻는다. 야구도 마찬가지다. 노력을 즐길 줄 아는 선수만이 비로소 성장하고 마침내 정상에 설 수 있다.

―

노력을 즐기는 사람이 이긴다

야구를 흔히 멘탈 스포츠라고 한다. 야구 선수에게 체력과 기술만큼 중요한 게 멘탈이다. 체력도 지구력이 좋은 선수가 있고 순간적인 파워가 좋은 선수가 있는 것처럼, 멘탈력에도 여러 스타일이 있다. 남보다 두세 배 노력을 견딜 수 있는 멘탈을 가진 선수가 있는가 하면, 견딘다는 의식조차 없이 노력에 몰두할 수 있는 멘탈을 가진 선수가 있다. 박병호, 서건창이 전자라면 강정호는 후자다.

전자는 실패를 겪은 후 피나는 노력을 통해 빛을 본 케이스다. 이처럼 절실함을 지닌 선수들은 어떤 역경이 와도 이겨내고야 만다. 다만, 이런 타입은 생각이 많은 탓에 자칫 슬럼프가 길어지기 쉽다. 어떻게든 하고 싶은데 아무리 애써도 안 되니까 속상하고, 그러면서 점점 더 고민이 깊어지곤 한다.

반면 후자 타입의 선수는 실수를 해도 가볍게 털어낸다. 오늘 못하면 내일 잘하면 된다고, 부족한 부분은 채우면 된다고 생각한다. 큰 고민도 없다. 그저 자기 앞의 과제를 해결해나가면서 발전하고 성취감을 느낀다.

LG 트윈스의 '4번 타자' 문보경도 마찬가지다. 중요한 순간에 해결하지 못하고 벤치로 돌아와 눈물 흘리는 모습이 몇 번 카메라에 잡히면서 멘탈이 약한 거 아닌가 하고 오해할 수 있지만, 그 반대다. 그 순간 속상함이 눈물로 나올 뿐, 훌훌 털고 자기 야구를 한다. '착한데 강한 멘탈'이라고 할까.

어느 한쪽이 더 뛰어나다는 이야기를 하려는 게 아니다. 절실하게 달려드는 힘이든, 가볍게 털어내는 힘이든, 핵심은 같다. 지속적인 노력을 즐길 수 있는가에 커리어 하이가 달려 있다.

그래서 나는 젊은 사람들에게 일단은 좋아하는 일을 하라고 말한다. 같은 노력을 쏟아야 할 때 좋아하는 일을 하면 훨씬 덜 힘들다. 좋아하니까 오히려 즐거울 수 있다. 즐거우니 더 많이 하게 되고 결국 더 잘하게 된다. 잘하면 더더욱 즐거워진다. 긍정적 강화다.

『마시멜로 이야기』의 유명한 실험이 잘 보여준다. 네 살짜리 아이들에게 마시멜로 하나를 주고 "15분 동안 먹지 않으면 하나를 더 주겠다"고 했을 때, 끝내 참아낸 아이들은 고통을 견디며 억지로 참은 게 아니었다. 그 15분을 더 큰 보상을 얻을 수 있는 즐거운 기회로 여겼다. 어려움을 수동적으로 견디는 대신, 목표를 향한 능동적인 시간으로 바꾼 것이다. 이것이 노력을 즐긴다는 말의 진정한 의미다. 그리고 다들 알다시피, 마시멜로를 하나 더 얻었던 아이들은 그렇지 못했던 아이들보다 인생에서 더 큰 성취를 거둔 것으로 나타났다.

어쩌면 그 아이들은 그런 관점을 타고났을지도 모른다. 내가 야구 재능을 타고났던 것처럼, 사람들은 저마다 무언가를 타고나니까. 아니면 가정 환경이 그런 마인드셋을 키워줬을 수도 있다. 좋은 소식은, 다른 재능과 달리 이런 마인드셋은 나이 들어서도 충분히 습득할 수 있다는 사실이다. 방법은 간단하다. 지금 당장 생각을 바꾸는 것이다.

선수 염경엽에게는 생각을 고쳐먹을 기회가 얼마든지 있었다. 중학교 3년, 고등학교 3년, 대학교 4년, 그리고 프로야구 첫 2년. 그때 내가 쉽게 얻은 작은 성취에 만족하는 대신, 노력과 인내가 가져다주는 더 큰 성취를 한 번이라도 경험했다면 내 야구 인생은 달라졌을 것이다. 최소한 통산 타율 1할9푼5리, 51타석 연속 무안타라는 '바닥'을 기록하지는 않았을 것이다. 바닥은 내게 절실함을 가져다주었지만, 아무리 절실해도 지나간 세월을 되돌릴 수는 없다. 운동선수에게 시간은 절대적이다.

인생에 야구만 남겨라

프로에 입단한 19세, 20세가 이미 전성기다. 사람들은 전성기를 먼 미래로 생각하지만, 사실 지금 이 순간이 전성기일 수 있다. 오늘 최선을 다하지 않으면 전성기가 언제 왔다 갔는지도 모른 채 흘러간다. '나는 충분히 했다'고 생각하는 순간 커리어는 내리막을 탄다. 성장은 멈추는 순간 퇴보로 바뀐다. 다시 올라오기 위해 몇 배의 노력이 필요하다.

넥센 히어로즈를 거쳐 메이저리그에서 뛰고 있는 김하성은 특출난 선수지만 그보다 더 좋은 신체 조건을 가진 선수도 많았다. 당장 그해 신인 드래프트에서 김하성보다 먼저 뽑힌 선수가 마흔 명이다. 하지만 그중 메이저리그에 진출한 선수는 김하성뿐이다. 나는 김하성에게 특히 잔소리를 많이 하고 훈련도 많이 시켰다. 그만큼 잠재력이 있었기 때문이다.

그러나 결국 모든 건 자신이 해내야 한다. 어떤 선수들은 내가 나가게 되자 즉시 나와 함께 만들던 루틴을 버리고 원래대로 돌아갔다. 당장 자기를 힘들 게 하던 감독이 나가니까 신이 났겠지만, 당연히 성적은 떨어졌다. 반면 김하성은 쭉 올라갔다. 프로야구 선수가 된다는 것이 무엇인지, 성공하기 위해서는 어떻게 해야 하는지, 그것이 자신에게 어떤 의미인지 누구보다 제대로 이해하고 실천했기 때문이다. 정확한 목표를 세웠고, 그 목표를 달성하기 위해 정확하게 노력했다. 그리고 그 노력을 꾸준히 즐겼다.

야구를 직업으로 삼았다면, 야구를 인생의 일 순위로 둬야 한다. 야구에 모든 것을 맞춰야 한다. 야구밖에 없다는 사실을 받아들여야 한다. 그래야 모든 것을 누릴 수 있다.

바닥을 찍고 나면 누구나 자신에게 야구밖에 없다는 사실을 깨닫게 된다. 벼랑 끝에 몰린 사람이 더는 물러설 곳이 없다고 느끼는 것과 마찬가지다. 살아남기 위해 절박해진다. 여유가 없어지고 조급해지기 쉽다. 그때 야구는 즐겁기보다 괴로워진다. 그걸 이겨내고 기어코 정상에 오르는 선수들이 있다. 훌륭한 선수들이다. 하지만 그건 자기 자신과 주변 모두에게 힘든 일이다.

그러니 야구밖에 없는 상황으로 자신을 몰아가기 전에, 인생에서 야구만 남기는 선택을 해야 한다. 뚜렷한 목표를 세우고, 목표에 다가가기 위해 노력하며, 그 노력을 즐겁게 받아들여야 한다. 자신이 하는 야구를 좋아하고, 야구를 잘하기 위해 하는 노력을 좋아해야 한다. 그런 사람에게 '야구밖에 없다'는 말은 무한한 가능성을 의미한다.

모두 불가능하다고 말했지만 투수와 타자를 겸업하며 사상 첫 50홈런-50도루라는 대기록을 이룬 오타니 쇼헤이를 보자. 오타니는 고등학교 시절 이미 '8개 구단 드래프트 1순위'라는 핵심 목표를 설정하고, 그것을 달성하기 위해 해야 할 64가지 실천 과제들을 스스로 정했다고 한다. 오타니는 드래프트 1순위에 오른 자신의 모습, 나아가 메이저리그에서 활약하는 자신의 미래를 그리며 과제들을 즐겁게 수행했고, 그렇게 세상에서 가장 성공한 야구 선수가 되었다. 그리고 아마도 가장 야구를 즐기는 선수일 것이다.

나는 실패 끝에야 절실해질 수 있었지만, 선수들에게 굳이 같은 과정을 겪으라고 하고 싶지는 않다. 바닥은 상처가 많다. 다시 올라오려면 자존심을 꺾고, 수치심도 견뎌야 한다. 때로는 좌절을 견디지 못하고 그대로 무너져버리기도 한다. 그러나 지금 내 곁에 있는 선수들은 이미 선택받은 사람들이다. 프로 구단에 입단했다는 사실 자체가 커다란 성취이다. 전성기의 시작이다. 정신만 차린다면 정상까지 갈 수 있다. 굳이 아래로 떨어져 온갖 고통을 겪을 이유가 없다.

전설적인 메이저리그 투수 크리스티 매튜슨은 말했다. "이기면 조금 배우지만, 패하면 모든 것을 배운다." 하지만 나는 여기에 덧붙이고 싶다. "남의 실패에서 배우는 것이 가장 영리하다."

실패는 성공의 어머니가 될 수도 있지만, 실패는 때로 그냥 실패로 끝난다. 가장 현명한 길은 남의 실패에서 배우고, 전성기의 노력을 즐기는 것이다.

그래서 나는 선수들에게 말한다.

"내 실패를 이용해라. 내 실패에서 배워라. 그리고 너희는 더 나은 길로 가라. 영리한 성공을 해라."

그것이 내 야구 인생 전체를 걸고 전하고 싶은 진심이다.

...

**실패는 성공의 어머니가 될 수도 있지만,
실패는 때로 그냥 실패로 끝난다.
가장 현명한 길은 남의 실패에서 배우고,
전성기의 노력을 즐기는 것이다.**

1장. 절실함, 나에게 없었던 것

모든 변화는
메모에서 출발했다

1999년, 비로소 야구 공부를 시작했다. 초등학교 3학년 때 야구를 시작해서 23년 만에 처음 하는 공부였다. 어색했다. 하지만 배수진을 쳐야 했다. 한번 죽도록 해보자 마음먹고 제2의 야구 인생에 돌입했다. "죽으려고 하면 살 것이요, 살려고 하면 죽을 것이다"라는 이순신 장군의 말을 가슴에 새겼다.

먼저 아내에게 양해를 구했다. 성공하기 전까지는 야구에 올인하겠다고, 어쩌면 가정에 조금 소홀할 수도 있다고, 분명 그럴 거라고, 하지만 내 자존심을 찾아야겠다고, 안 그러면 살아도 사는 게 아닐 것 같다고.

"집은 걱정하지 말고 당신 하고 싶은 걸 해."

아내는 내 결정을 지지해주었고, 내게는 아내의 격려가 무엇보다 큰 힘이 되었다.

그전까지는 내가 야구를 잘 안다고 생각했다. 하지만 그건 선수로서의 시야였다. 당장 타석에서, 2루나 유격수 자리에서 게임을 바라보는 것과 경기 전체를 조망하는 것은 또 다른 차원의 일이었다. 자신의 배역에 집중하는 배우와 작품 자체를 생각하는 영화감독의 차이와도 비슷하다.

처음 눈에 들어온 건 선수들의 특징이었다. 습관, 패턴, 강점과 약점, 어떤 선수들이 다른 선수들보다 더 잘하는 이유를 찾았다. 시시각각 변하는 상황에 맞춰 벤치에서 내는 작전들을 보면서 상대 감독들을 분석했다. 지난 경기를 복기하며 무엇이 승패를 갈랐는지 게임의 흐름을 되짚었고, 상위권 팀들과 하위권 팀들의 운영과 육성 방향을 살피며 강팀을 만드는 요소가 무엇인지 고민했다. 그리고 그 모든 것들을 메모하고 정리했다.

그렇게 한 게임, 한 시리즈, 한 주, 한 달, 한 시즌을 운영하는 방법을 배웠다. 감독도 아니고 주전도 아니고 초라한 대수비 요원에 불과했지만, 내게는 최고의 코치가 되겠다는 목표가 있었다. 그렇기에 잠자는 시간을 쪼개가며 공부했다. 막막하고 힘들 때도 있었지만, 얼마든지 견딜 수 있었다. 다른 누구도 아닌 나와 내 가족의 미래를 위한 노력이었으니까.

관점이 바뀌면 서는 곳이 달라진다

그런데 왜 감독이 아니라 코치였을까? 당시만 해도 감독은 야구를 잘하던 사람만 갈 수 있는 자리였다. 나 같은 백업은 아무리 올라가도 수석코치가 한계였다. 당시엔 그 한계를 깰 수 있다는 생각조차 하지 못했다. 물론 후회스러웠다. '조금만 일찍 정신을 차렸어도….' 하지만 그런 생각에 매달리는 것은 실패한 과거에 발목을 잡히는 짓이다. 아쉬운 마음은 접어두고 지금 할 수 있는 것에 집중해야 한다. 그래야 후회를 반복하지 않는다.

"내가 어떤 생각을 가지고 있느냐에 따라 삶이 달라지고 보는 눈이 달라진다."

지금도 감독실 화이트보드에 적어두는 말이다. 나는 야구 선수로 실패했지만, 코치로 성공하겠다고 결심했다. 그러자 이제라도 공부해야겠다는 생각이 들었고, 메모하는 습관을 들였으며, 야구를 다른 눈으로 보게 되었다. 시간이 흘러 나는 결국 야구 감독이 되었다. 내가 감독의 눈으로 바라볼 수 있었기 때문이다.

"서는 데가 바뀌면 풍경이 달라진다." 드라마 〈송곳〉의 대사다. 사원이 보는 것과 대리가 보는 것이 다르고, 과장이 보는 것과 부장이 보는 것이 다르다. 그럼 반대로 생각해보자. 생각과 관점이 바뀌면 내가 서는 곳이 바뀐다는 말이 된다. 내가 대리지만 부장

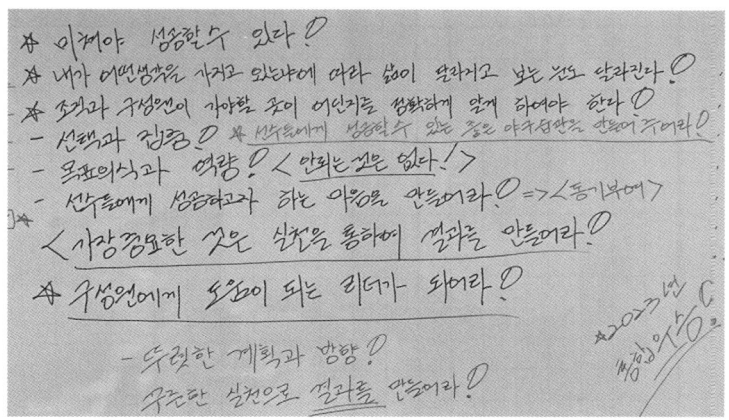

감독실 화이트보드에 써놓은 말들

처럼 볼 수 있다면 어떻겠는가? 제대로 된 회사라면 나를 부장감으로 바라볼 것이다. 내 의견을 부장의 의견처럼 존중할 것이고, 부장으로 진급시킬 것이다. 성공하려면 그 위치에 가기 전에 먼저 볼 수 있어야 한다는 말이다.

그래서 간접 경험이 중요하다. 내가 직접 경험하지 않아도 다른 사람을 보며 그 사람의 경험을 내 것으로 만들 수 있어야 한다. 사소한 것 하나라도 흘려보내서는 안 된다. 작은 행동까지 놓치지 않고 관찰하면서 그 사람의 장점은 무엇인지, 단점은 또 무엇인지, 무엇이 그 사람을 특별하게 만드는지 파악하고, 그것을 기록으로 남겨야 한다.

그래야 배울 수 있고 나중에 그 자리에 섰을 때 시행착오를 줄

일 수 있다. 평범한 사람은 한 번의 경험으로 한 번 배운다. 기록하는 사람은 나와 타인의 경험을 수십 번, 수백 번 되새기며 배운다. 결국 성장의 속도가 달라질 수밖에 없다.

기록은 보이지 않는 것을 드러낸다

생각은 모래알처럼 쉽게 날아간다. 아무리 좋은 아이디어도 기록하지 않으면 흐려진다. 집을 지으려면 벽돌을 바닥부터 차곡차곡 쌓아야 하듯, 생각도 기록으로 쌓아야 한다. 그래야 그 위에 새로운 생각을 올릴 수 있다.

계획을 미리 적어두면 착실히 실행할 수 있다. 글로 남기면 목표가 흔들리는 것을 막을 수 있다. 특히 패배의 순간을 기록해야 한다. 그냥 '졌다' 하고 넘기는 것과 왜 졌는지 분석하고 다음에는 어떻게 대처해야 할지 정리하는 것은 천지 차이다. 실수를 머릿속으로만 생각하는 것과 메모하며 정리하는 것도 다르다. 한 연구 결과에 따르면, 책을 여러 번 반복해서 읽는 것보다 한 번 읽고 메모하는 것이 훨씬 오래 기억에 남는다고 한다.

훈련도 마찬가지다. 오늘 어떤 훈련을 했고, 그 훈련에서 무엇을 발견했는지 기록하는 것이 중요하다. 단순히 '오늘 스윙을 천 번 했다'가 아니라 '스윙을 천 번 하면서 어깨가 빨리 열리는 것을 발견했다' 같은 구체적인 기록이어야 한다. 메모는 우리가 놓치기 쉬운 작은 변화들을 포착하게 해준다. 훈련 일지를 꾸준히 쓰다 보면 자신의 성장 과정이 한눈에 보인다. 문제점도 쉽게 찾을 수 있다.

"기술은 반복 훈련으로 늘지만, 경기를 풀어나가는 능력은 생각하지 않으면 늘지 않는다."

내가 선수들에게 늘 강조하는 것이다. 선수가 성장하는 과정에는 두 가지 축이 있다. 하나는 기술이고 다른 하나는 이해다. 훈련장에서 땀 흘리는 것만큼이나 그 훈련을 통해 깨달은 것을 정리하는 행위가 필요하다. 프로 선수는 '생각하는 야구'를 할 수 있느냐가 커리어를 좌우한다.

마음이 복잡할 때도 메모가 생각 정리에 도움을 준다. 지금 당장 할 수 있는 것과 장기적으로 준비해야 할 것, 그리고 내가 바꿀 수 없어서 다른 방법을 찾아야 하는 것들을 나누어 적다 보면 해결책이 보이고 일의 순서가 보인다.

우리의 뇌는 게으르다. 연초에 세운 계획도 곧 잊어버리고, 굳은 다짐도 시간이 지나면 휘발된다. 그래서 기록이 필요하다. 나는 지금도 20년 전 수첩을 들춰보며 그때의 생각을 되짚어보곤 한다. 같은 실수를 반복하지 않기 위해서다. 결과보다 과정을 기록한다. 무엇이 이기게 만들었고 지게 만들었는지, 같은 승리라도 무엇이 달랐는지, 다시 이기기 위해서 혹은 지지 않기 위해서 무엇을 해야 하는지를 적는다.

선수들은 종종 묻는다.

"감독님은 왜 그렇게 메모를 많이 하세요?"

답은 간단하다. 기억은 착각을 만들어내기 때문이다. 우리는 자주 과거를 미화한다. '그때는 이렇게 잘했었는데'라고 생각하지만, 주변에서 객관적으로 바라봤을 때는 전혀 아닌 경우가 많다. 반대로 자신의 성장을 너무 과소평가하는 경우도 있다. 메모는 이런 착각에서 벗어나게 해준다.

슬럼프에 빠진 선수에게도 매일매일의 메모는 탈출구가 되어줄 수 있다. 무슨 훈련을 했는지, 컨디션은 어땠는지, 무엇을 먹었는지, 타석에서 심리 상태가 어땠는지 등등. 하나하나 적다 보면 어느 순간 문제가 보인다. 기록은 우리가 보지 못했던 것을 드러낸다.

처음에는 당연히 서투르다. 무엇을 적어야 할지, 어떻게 적어야 할지조차 모른다. 일단 무작정 써보라. 쓰다 보면 생각이 다듬어진다. 반복하다 보면 큰 목표 아래 세부적인 목표들이 자연스럽게 떠오른다. 논리적인 흐름이 만들어지고, 구체적인 계획이 세워진다. 이런 과정을 거치지 않고 막연히 '열심히 하겠다'는 다짐만 하는 것과는 차원이 다르다.

결국 메모는 자기 자신을 객관적으로 바라보게 만드는 도구다. 내가 어디서 출발했고, 지금 어디에 있으며, 앞으로 어디로 가야 하는지를 알려준다. 그래서 나는 지금도 메모하는 습관을 놓지 않는다. 그것이 나를 계속해서 성장하게 만든다.

...

**집을 지으려면 벽돌을 바닥부터
차곡차곡 쌓아야 하듯, 생각도 기록으로 쌓아야 한다.
그래야 그 위에 새로운 생각을 올릴 수 있다.**

국내 최초 선수 출신 프런트

10년. 내가 프로야구 선수로 뛴 기간이다. 신인 첫해 개막전 주전 라인업에 들며 프로 생활을 시작했지만, 마지막은 대수비 요원이었다. 경기를 뛰었던 시간보다 벤치에 앉아 있던 시간이 더 길었다. 그대로 선수 생활을 그만둔다고 생각하니 아쉬움이 남았다. 작은 흔적이라도 남기고 싶었다.

그게 나한테는 '천 게임 출장'이었다. 아직 104게임이 남아 있었다. 백업으로 한두 시즌 더 뛰면 세울 수 있는 기록이었다. 구단에 차라리 방출해달라고 요청했다. 나를 대수비로 쓰고 싶다고 연락한 팀이 몇 곳 있었다. 하지만 구단에서는 나를 선수가 아닌 프런트로 쓰겠다는 의지가 확고했다. 코치도 아니고 프런트라니,

나는 생각할 시간을 달라고 했다.

그해 겨울, 시즌이 끝나고 가족들과 괌으로 여행을 떠났다. 야구 집안인 처가 식구들도 함께였다(나와 함께 태평양에서 뛰었던 김풍기 현 심판위원이 아내의 오빠, 인천 야구의 대부 김진영 감독이 아내의 이모부, 김진영 감독의 아들이자 아내의 사촌 오빠가 '미스터 인천' 김경기 선수다). 그곳에서 가족들과 미래에 대해 상의했다. 많은 이야기를 나눴지만, 밤바다를 걸으며 아내가 해준 말이 결정적이었다.

"지금이 기회라고 생각하지 않아? 선수는 언젠가는 그만둬야 하잖아. 그렇다면 조금 먼저 새로운 도전을 시작하는 게 좋지 않겠어?"

아내 말이 맞았다. 천 게임 출장이라는 기록이 왜 필요한가? 얄량한 자존심 세우기 아닌가. 염경엽의 선수 생활을 보잘것없이 끝내고 싶지 않다는 욕심일 뿐이었다. 앞으로의 삶이 더 중요했다. 자존심은 제2의 야구 인생을 통해 채우면 된다. 그러려면 할 수 있을 때 하루라도 빨리 시작하는 게 맞는다.

당장 코치로 써주지 않는다면 일단 프런트로 일해보는 것도 나쁘지 않은 것 같았다. 다른 누구도 가지 않은 길을 걸을 수 있는 기회였다. 구단이 어떻게 운영되는지 직접 경험한 다음 지도자가 된다면 더 넓은 시야로 야구를 바라볼 수 있을 거라는 생각이 들었다. 내가 선택할 수 있는 길이 하나 더 늘어났다는 것도 좋았다. 나는 제2의 야구 인생에 야심 찬 목표 하나를 추가했다. 이왕 프런트로 시작했으니 언젠가는 '단장'까지 하겠다고 말이다.

―

'선수 출신'이라는 꼬리표

2년 동안 프런트로 일한 후 코치를 맡는 조건으로 현대 유니콘스에 입사했다. 10년, 현대 인수 이후만 따져도 5년 동안 선수로 몸담았던 팀에 양복을 입고 출근하려니 기분이 묘했다. 지난 시즌까지만 해도 같은 선수로 있던 동료들을 다른 위치에서 만난다는 게 어색하기도 했다.

하지만 그런 생각에 빠져 있을 시간은 없었다. 요즘에야 흔한 일이 되었지만, 당시만 해도 선수 출신으로 운영팀에 들어간 건 내가 처음이었다. 운동선수는 운동만 해서 세상 물정 모른다는 편견을 가진 사람들에게 선수 출신이 일을 더 잘할 수 있다는 것을 증명하고 싶었다. 나처럼 야구를 못했던 후배들에게 이런 길이 있다는 것도 보여주고 싶었다.

당장 용산 전자상가로 달려가서 노트북을 샀다. 아직 손글씨로 보고서를 써서 올리던 시절이었다. 컴퓨터로 보고서를 쓴다면 더 깔끔하고 효율적일 것 같았다. 문제는 내가 컴퓨터를 딱히 배워본 적이 없다는 사실이었다. 무작정 '그림판'을 열어 품의서를 만들었다. 일일이 마우스로 줄을 긋고 표를 그렸다. 양식 10개를 만드는 데 꼬박 이틀 밤낮이 걸렸다.

다음 날, 뿌듯한 마음으로 일어나 노트북을 켰는데 이럴 수가, 밤새워 만든 양식이 어디에도 남아 있지 않았다. 끄기 전에 파일을 저장해야 한다는 사실조차 몰랐던 거다. 허탈했다. 누가 시킨 것도 아닌데 왜 사서 고생이냐 싶기도 했다.

쓸데없는 생각도 잠시, 곧바로 서점에 달려가 『초보자를 위한 컴퓨터 길라잡이』라는 책을 샀다. '한글'이라는 프로그램이 있다는 걸 그때 처음 알았다. 한글을 설치하고 책을 따라 표를 만들었더니 이럴 수가, 48시간 걸렸던 게 2시간 만에 끝났다. 그것도 훨씬 완성도가 있었다. 이런 세상이 있었던 거다.

다행히 컴퓨터를 만지는 일이 적성에 맞았다. 한글에 이어 워드와 엑셀, 파워포인트를 빠르게 익혔다. 나는 현대 유니콘스 구단에서 수기가 아니라 컴퓨터로 작성한 보고서를 올리는 최초이자 유일한 직원이 되었다. 회사에서 나를 보는 눈이 달라졌다. 엊그제까지 야구만 하던 선수가 갑자기 컴퓨터로 품의서를 만들어서 올리는데 놀랄 수밖에. 그때부터 우리 구단에 컴퓨터가 도입됐다.

검투사 헬멧, 불굴의 투지에 대한 마땅한 응답

매일 새벽까지 일했다. 힘들다는 생각은 들지 않았다. 누가 시켜서 하는 일이 아니라 내가 하고 싶어서 했으니까. 나 자신의 성공을 위해서 하는 일이었으니까. 일의 경계를 두지도 않았다. 할 수 있는 모든 일을, 최선을 다해서 했다. 그러면서 안면 보호대가 달린 '검투사 헬멧'을 직접 만든 일화도 탄생했다.

2001년, 내가 프런트로 입사한 첫해였다. 심정수 선수가 롯데와의 경기에서 공에 맞아 광대뼈가 함몰되는 큰 부상을 입었다. 다들 전반기는 쉬어가야겠다고 생각했다. 사구로 부상을 입은 경우 회복도 회복이지만, 공포를 극복하는 데 적지 않은 시간이 필요하다. 하지만 모두의 예상과 달리, 심정수는 한 달 만에 경기장에 복귀하겠다고 했다.

투수가 던진 속구가 포수 미트에 들어가기까지는 0.5초가 채 걸리지 않는다. 눈 깜짝할 사이에 흉기와도 같은 공이 타자를 향해 날아든다. 모든 타자들은 의식적이건 무의식적이건 공을 때리려는 욕망과 공을 피하려는 본능 사이에서 싸운다. 공에 맞아 부상당한 경험이 있다면 두려움은 더욱 커질 수밖에 없다. 그래서 많은 선수가 사구에 맞은 이후 슬럼프에 빠진다.

선수들이 싸움에서 이길 수 있도록 도와주는 게 코칭스태프의 일이다. 당시 2군 매니저였던 나는 수소문을 통해 메이저리그에서 사용하던 'C-플랩'(검투사 헬멧의 공칭 명칭. 일반 헬멧에 얼굴을 감싸는 보호대를 고정시킨다)을 어렵사리 공수해 심정수 선수의 헬멧에 달아주었다. 공포심을 조금이나마 덜어주고 싶었다.

심정수는 복귀 첫 경기에서 무안타로 물러났다. 다음 경기 마지막 타석까지도 방망이는 침묵을 지켰다. 하지만 2대 2로 팽팽하게 맞선 9회 초, 심정수가 때린 공이 좌측 담장을 넘겼고, 그대로 결승타가 되며 팀을 승리로 이끌었다.

심정수는 검투사 헬멧을 오래 쓰지 않았다. 도구에 의존하지 않고 스스로의 의지로 이겨내야 한다고 생각했던 것이다. 지나치게 고지식한 게 아닌가 싶기도 하지만, 그게 심정수라는 선수가 가진 프로 의식이었다. 그리고 이듬해 46개의 홈런을 치며 최고의 활약을 펼쳤다.

2003년 4월, 심정수는 또다시 얼굴에 공을 맞았다. 당시 운영팀 과장이었던 내가 심정수를 데리고 병원으로 갔다. 검사 결과 다행히 얼굴뼈에는 큰 이상이 없다고 했지만, 이가 깨지고 입안이 온통 뭉개져서 찢어진 볼 사이로 소독약이 줄줄 흘러나왔다. 보고 있는 내가 다 아플 지경이었다. 결국 25바늘을 꿰맸다.

며칠 쉰다고 뭐라고 할 사람은 아무도 없었지만 심정수는 바로 다음 경기부터 출장하겠다고 했다. 말릴 수가 없었다. 누구보다 열심히 시즌을 준비했다는 자신감과 한 게임 한 타석도 날리고

싶지 않다는 절실함이 느껴졌기 때문이다.

이번에는 외부에서 C-플랩을 수급할 시간이 없었다. 내게는 선배로서 그리고 프런트 직원으로서, 간절한 선수의 의지에 응답해야 할 의무가 있었다. 그래서 직접 만들기로 했다. 전기톱 같은 공구도 없었다. 다른 헬멧을 줄로 갈아서 자르고 망치로 두드리고 사포로 문지르고 나사로 연결하느라 꼬박 밤을 새웠다. 아침 해가 떠오를 무렵에야 비로소 그럴듯한 헬멧이 만들어졌다. 심정수 선수를 생각하면 이 정도 집념은 애교에 불과했지만, 나름의 최선을 다했다.

그해 심정수는 133경기를 모두 출장하며 53개의 홈런을 쳤다. 지금까지도 역대 KBO 홈런 순위 3위로 남아 있는 대기록이다. 하필 같은 해 이승엽이 56개의 홈런을 치며 한국 프로야구 최다 홈런 기록을 경신하는 바람에 아쉽게도 2위에 머물러야 했지만, 출루율과 장타율 부문 1위와 타율 2위를 기록하며 그해 최고의 타자는 심정수였음을 스스로 증명했다. 그리고 지금도 많은 야구팬이 심정수 하면 검투사 헬멧을 떠올리곤 한다.

심정수의 기록에 내가 기여했다고 말하려는 게 아니다. 오히려 그 반대다. 부상의 고통보다 타석에 서지 못하는 시간이 더 힘들다고 말하는 그 절실함이 오히려 내게 묵직한 충격을 던졌다. 야구를 대하는 한없이 진지한 자세에 나 자신을 또 한 번 되돌아보게 되었다.

프런트의 일이란 선수들이 더 나은 환경에서 더 좋은 경기를 할 수 있도록 돕는 것이다. 선수와 프런트는 그라운드 안팎으로 나뉘어 있지만 결국 같은 목표를 향해 달린다. 헬멧을 만들며 프런트를 시작할 때 가졌던 꿈을 새삼 떠올렸다. 언젠가는 이 모든 것을 총괄하는 단장이 되어 더 큰 그림을 그려보고 싶다는 꿈을.

...

운동선수는 세상 물정 모른다는
편견을 가진 사람들에게
선수 출신이 일을 더 잘할 수 있다는 것을
증명하고 싶었다.

2장

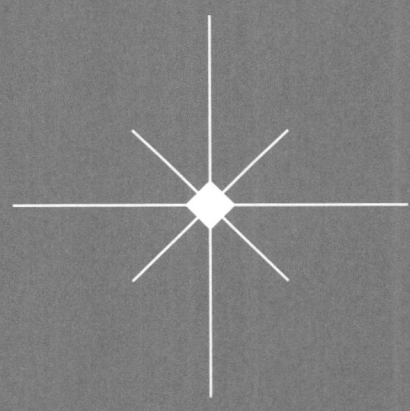

안 되는 것은 없다, 시간이 필요할 뿐

구체적인 목표가 없으면
인생에서 원하는 어떤 것도 이룰 수 없다.
모든 성취는 명확한 목표 설정에서 시작된다.

_잭 캔필드

다시
중심에 서고 말겠다

 중심에 서본 사람만이 중심에서 밀려나는 것이 어떤 의미인지 안다. 지금껏 살아온 세계가 무너지는 것이다. 더 이상 자신의 목소리로 무언가를 결정할 수 없다는 것이고, 누군가의 선택을 기다려야 한다는 것이다.
 프로에 들어가기 전까지 나는 늘 중심에 있었다. 어릴 때는 골목대장이었고, 야구를 시작한 후로는 늘 주전이고 주장이었다. 놀 때도 앞장서서 친구들을 이끌었다. 특별히 내가 중심에 서겠다고 마음먹은 것도 아니었다. 누구도 이상하다고 생각하지 않을 만큼 자연스러운 일이었고, 나는 그것이 내게 당연히 주어진 자리라고 생각했다. 그게 나였다.

그런데 지금 나는 뭐지?

내가 벤치에 앉아 있는 사이, 어린 시절 같이 야구를 하던 기태는 국내 최고의 타자가 되어 있었다. 늘 내가 챙겨주던 후배 종범이는 이제 일본에 진출해서 좋은 방망이를 보내주며 오히려 나를 챙겼다. 그들이 정상에서 노는 동안 나는 바닥을 기고 있었다. 같은 지점에서 출발했지만 도달한 지점은 말 그대로 천양지차였다.

어떻게 생각하면 당연한 일이었다. 그 친구들이 죽도록 노력하는 동안 나는 펑펑 놀았으니까. 내 앞에 있던 무수한 기회들을 내 발로 차버렸으니까. 내가 얼마나 많은 시간과 돈을 낭비했는지, 얼마나 한심하게 인생을 살아왔는지, 뒤늦게 찾아온 깨달음에 어이가 없었다.

처음엔 좌절했다. 포기하고도 싶었다. 그렇지만 자의든 타의든 야구를 벗어날 순 없었다. 그라운드에서 넘어진 이상 그라운드에서 일어나야 한다. 그렇게 제2의 야구 인생을 설계했다. 비록 선수로는 실패했지만 앞으로의 길은 내가 선택하면서 갈 수 있어야 한다. 그게 남자의 자존심이고 성공의 길이라고 생각했다.

복잡하게 생각할 것 없다. '다시 중심에 서고야 말겠다.' 그렇게 단순하지만 확고하게 다짐했고, 이후로는 무식할 정도로 앞만 보며 달렸다.

준비가 쌓여서 실력이 된다

프런트에서 일하기 시작할 때 내가 세운 목표는 하나였다. '작은 일 하나를 하더라도 염경엽이 하면 다르다는 말을 듣자.' 심지어 컵을 닦더라도 얼룩 하나 남지 않도록 최선을 다했다. 그만한 각오가 필요했다.

야간 경기가 끝나면 곧바로 사무실로 돌아와 다음 날 할 일들을 미리 준비했다. 준비가 곧 노력이고, 노력이 쌓여서 실력이 된다. 그 사실을 선수 시절의 실패를 복기하며 뼈저리게 배웠다. 실패를 반복하지 않기 위해서는 배운 것을 실천해야 한다. 그래서 프런트로 일하는 동안 새벽 2시 전에 퇴근한 날이 단 하루도 없었다. 그만큼 실천할 게 많았으니까, 그토록 큰 실패였으니까.

경기가 시작되고 선수들이 그라운드로 나가면 홀로 라커룸에 들어가 옷과 장비들을 정리했다. 내가 할 일은 아니었다. 하지만 누군가는 해야 하는 일이었다. 나중에는 선수들이 직접 정리할 수 있도록 칸막이를 설치하고 정리하는 방법을 매뉴얼로 작성해서 교육시켰다. 시스템을 만들기 위해서였다. 그러려면 내가 먼저 솔선수범을 보여야 했다.

프런트는 선수들이 최고의 경기력을 발휘할 수 있도록 지원하는 조직이어야 한다. 하지만 내가 경험한 현실은 달랐다. 당시 한국 사회의 많은 부분들이 그랬듯, 시스템이라고 할 만한 게 전무한 주먹구구식 운영이었다. 나는 그걸 바꾸고 싶었다. 선수들의 필요를 누구보다 잘 알고 있는 선수 출신이기에, 내가 제일 잘할 수 있는 일이었다.

그렇게 '염경엽 매뉴얼'은 프런트 시절 시작됐다. 선수 계약부터 식재료 구매까지, 큰 일부터 작은 일까지 모든 것을 체계화했다. 내가 맡고 있던 업무가 너무 많아서 그렇게라도 하지 않으면 일을 할 수가 없었다. 물론 단순히 나 하나 편하자고 그랬던 건 아니다. 좋은 조직은 좋은 시스템을 갖춘 조직이다. 무엇보다 나는 최고가 되고 싶었고, 그러자면 내가 일하는 조직을 최고의 조직으로 만들어야 했다.

선수단과의 소통도 중요했다. 10년 동안 선수로 뛰며 쌓아온 관계가 있었지만 선수와 구단 직원의 관계는 또 달랐다. 친한 건 친한 거고, 일은 일이다. 후배들이 나를 같이 운동했던 선배가 아니라 믿음직한 구단 직원으로 보게 만들려면 먼저 실력을 인정받아야만 했다.

정말이지 미친 듯이 일했다. 그럴수록 구단에서는 내게 더 많은 권한을 주었고, 내가 더 많은 요구 사항을 들어줄수록 자연히 선수들의 신뢰도 깊어졌다. 피곤해할 겨를조차 없었다.

스스로 자신의 자리를 만들어야 한다

언제부턴가 나를 거치지 않고는 일이 진행되기 어려워졌다. 서류 한 장, 심지어는 전표 하나까지도 모두 내 손을 거쳤다. 용역이든 발주든 다 내가 확인해야 넘어갔다. 나중에는 운영팀장, 용병 스카우트팀장, 기획팀장, 육성팀장직을 동시에 맡았다. 심지어 구단 감사까지 내가 맡아서 했다.

내가 그렇게 만들었다. 내가 없으면 사장부터 감독, 코칭스태프, 선수까지 모두 나를 찾게 만들었다. 야구를 잘하는 것과 일을 잘하는 것은 다르다. 하지만 기본은 똑같다. 남들보다 더 많이 준비하고 노력하면 결과는 따라오기 마련이다. 그건 누가 해줄 수 있는 게 아니다. 자기가 자신의 자리를 만들어야 한다.

이전에는 별다른 노력 없이 중심에 있을 수 있었다. 운이 좋았다. 하지만 그곳에서 밀려난 후 다시 돌아가는 길은 내가 만들어 나갈 수밖에 없었다. 어떤 곳에서든 중심에 서는 방법은 단 하나다. 최고가 되는 것이다. 자리에 걸맞은 실력과 태도를 갖추는 것은 물론이고 그 이상을 보여줘야 한다. 누군가 나를 인정하지 않는다고 불평하기 전에 내가 정말 인정받을 만한 일을 하고 있는지 되돌아봐야 한다.

나는 운영팀장이었지만 그것을 넘어서 단장 일까지 할 수 있는 사람이 되고자 했다. 그렇게 프런트에서 내 자리를 만들었고, 더 넓은 선택지를 갖게 되었다. 결국 중심에 선다는 것은, 누군가에게 선택받는 것이 아니라 내가 선택할 수 있는 입장이 되는 것이다. 그곳이 바로 리더가 있어야 하는 곳이다.

...
**나는 최고가 되고 싶었고,
그러자면
내가 일하는 조직을
최고의 조직으로 만들어야 했다.**

지도자로서의
출발점

현대 유니콘스에서 운영팀장으로 일하면서도 나는 코치가 되겠다는 목표를 한순간도 잊은 적이 없었다. 처음 프런트에 들어올 때 약속은 2년간 일하고 현장으로 나간다는 조건이었다. 하지만 약속한 시간이 되자 구단은 "염 팀장 없으면 일이 돌아가지 않는다"라는 말로 나를 붙잡았다. 구단 입장을 이해했다. 그래서 붙잡혔다.

운영팀에서 일한 지 4년째 되던 해, 처음으로 사표를 썼다. 그러자 총괄 부장은 물론이고 단장까지 나서서 나를 설득했다.

"딱 1년, 딱 1년만 더 하고 가! 그다음엔 싫다고 해도 보내줄게!"

그 1년은 다시 2년이 되었고, 이대로 가다간 평생 사무실에 갇

힐 것 같은 위기감이 찾아왔다. 결국 7년째 되던 해, 마지막 결단을 내렸다. 이번에는 설득에 넘어가지 않으려고 사표를 던지고 바로 미국으로 떠났다. 한국에 있다가는 다시 마음이 약해질 것 같았다.

  얼마 지나지 않아 한국에서 국제전화가 걸려왔고, 구단은 마침내 코치 자리를 제안했다. 그렇게 나는 7년 만에 다시 유니폼을 입게 되었다. 그토록 오랜 시간 꿈꾸며 준비했던 지도자의 길이 드디어 시작된 것이다.

'왜' 하는지 이해시켰는가

코치가 되면서 가장 먼저 생각한 것은 '나는 어떤 코치가 될 것인가'였다. 여태까지 선수는 아침부터 저녁까지 쉼 없이 훈련하고, 시키는 대로 따라하는 것을 금과옥조로 여겼다. 하지만 나에겐 오래 전부터 '훈련의 질'에 관한 고민이 있었다. 무작정 많이 한다고 좋은 것이 아니라, 한 번을 하더라도 어떻게 하느냐가 더 중요하다고 생각했다.

  아무 생각 없이 배트를 천 번 휘둘러봤자 남는 건 근육통뿐이다. 차라리 백 번이라도 정확한 목표와 방법을 가지고 훈련하는 게 낫다. 그러려면 선수들이 코치의 지시를 기계적으로 따라하기만 해선 안 된다. 왜 이 훈련을 하는지, 어떻게 하면 더욱 효과적으로 할 수 있는지, 몸으로 이해하고 마음으로 느껴야 한다.

물론 처음부터 이런 철학을 완성형으로 가지고 있었던 것은 아니다. 코치 초년병 시절, 그동안 내가 쌓아온 지식을 선수들에게 빨리 전수하고 싶었다. 메모하고 연구해온 노하우에서 영상 자료들까지, 준비한 것들이 너무 많았고 해주고 싶은 것도 너무 많았다. 그래서 나도 모르게 욕심을 부리고 말았다. 내가 가르치고 싶은 것에만 집중하다 보니 선수들이 얼마나 받아들일 수 있는지까지는 생각하지 못했던 것이다.

한꺼번에 너무 많은 내용을 쏟아붓다 보니 선수들이 당황하는 게 느껴졌다. 마치 그들에게 바닥에서 천장까지 단번에 뛰어오르라고 요구하는 것처럼 느꼈을 것이다. 그럼에도 나는 계속 밀어붙였다. 힘들어도 내가 가진 방향성이면 실력을 빠르게 향상시킬 거라고 믿었으니까.

처음 3개월 정도는 효과가 있는 것처럼 보였다. 선수들의 실력이 눈에 띄게 향상되었다. '아, 되는구나' 하는 생각에 뿌듯했다. 그동안의 노력이 헛되지 않았다는 안도감도 들었다. 그런데 6개월이 지나자 성장이 뚝 멈췄다. 전혀 응용을 못 했다. 단순한 정체를 넘어 오히려 퇴보하는 느낌마저 들었다.

당혹스러웠다. 성장은 항상 노력에 정비례해서 올라가는 것이 아니라고, 언어 학습처럼 야구 기술도 계단식으로 발전하는 것이라고 스스로를 달랬다. 그러나 문제는 다른 곳에 있었다.

어느 날 훈련 중 문득 선수들 눈빛이 눈에 들어왔다. 아무런 생기가 없었다. 열정도, 목표 의식도 없이 그저 입력된 명령에 따라 움직이는 기계의 눈빛이었다. 그때 비로소 깨달았다. 선수들을 이해시키면서 따라오게 만들었어야 했는데, 내 열정으로 그들의 멱살을 붙잡고 끌고 왔을 뿐이라는 사실을. 선수들은 '코치가 구르라고 하니까 구른다'라는 식으로 몸만 움직이고 있었던 것이다.

그때부터 접근 방식을 완전히 바꿨다. 무엇보다 선수들의 '이해'를 최우선 목표로 삼았다. 모든 훈련을 단계별로 나누고, 1단계를 완벽히 이해하고 실행할 수 있을 때만 2단계로 넘어갔다. 3단계, 4단계도 마찬가지였다. 마치 계단을 두드려 보고 오르듯, 선수들이 제대로 소화하지 못한 상태에서는 결코 다음 단계로 나아가지 않았다.

방식을 바꾸자 어느 순간부터 선수들이 스스로 속도를 내기 시작했다. 가장 큰 변화는 눈빛이었다. 목표 의식이라곤 없던 '죽은 눈'에 생기가 돌았다. 이해에서 비롯한 자발적 노력, 그에 따른 성취감을 맛보기 시작한 것이다. 그때 나는 비로소 진정한 코칭이 무엇인지 체감했다.

'프로'의 마음가짐

코치의 역할은 단순히 신체적, 기술적 능력을 향상시키는 것에 그치지 않는다. 그만큼, 어쩌면 그보다 더 중요한 것은 선수들에게 '프로'의 마음가짐을 다잡아주는 일이다.

프로야구 선수가 된다는 것은 야구가 직업이 된다는 뜻이다. 의외로 이 사실을 깨닫지 못하는 선수가 많다. 학창 시절처럼 야구만 잘하면 된다고 생각한다. 나도 그랬다. 그래서 지도자로서 내가 가장 먼저 하는 일은 선수들에게 야구를 직업으로 인식시키고, 자신이 하는 일을 사랑하게 만드는 것이다. 그것이 자기 인생과 가족의 인생까지 바꿀 수 있다는 사실을 깨닫게 해야 한다. 모든 것이 거기서 출발한다.

나는 선수들에게 끊임없이 이야기한다. 지금이 얼마나 중요한 시기인지, 이 순간의 노력이 앞으로의 인생을 얼마나 크게 좌우하는지, 세상은 생각보다 훨씬 더 냉혹하고 야구 말고 다른 일로 돈 벌기가 얼마나 어려운지를. 당장은 귀찮은 잔소리로 들릴지 몰라도 반복해서 말해준다.

나는 넉넉한 집안의 막내로 태어나 특별한 어려움 없이 사랑만 받으며 자랐다. 그렇게 성장한 내가 성인이 되어 마주친 첫 번째 고난 앞에서 가장 먼저 떠올린 것은 바로 '포기'였다. 그러다 바닥을 치고서야 생각을 고쳐먹었다.

"생각이 바뀌면 인생이 바뀐다."

이 단순하지만 강력한 깨달음이 내 코칭 철학의 뿌리가 되었다. 후배들, 제자들이 내가 겪었던 바닥을 경험하지 않도록 도와주고 싶었다.

감독이 되고 난 후 재능 있는 젊은 선수들을 가르칠 때도 마찬가지였다. 무엇보다 지금 이 시간이 그들의 인생에서 얼마나 중요한지를 이해시키려 노력했다. 그래서 때로는 그들의 눈높이에 맞춰 아주 구체적이고 현실적으로 말해주기도 했다.

"야구 잘하면 좋은 여자 만날 수 있어. 좋은 차 타고 싶지? 성공한 선배들 봐, 좋은 차 타잖아. 너도 그런 차 탈 수 있어. 야구만 잘하면 가족들도 좋은 집에서 잘살 수 있어. 그럼 뭘 해야 돼? 노력해야지."

이런 말이 세속적으로 들릴 수도 있지만, 어린 선수들에게는 이렇게 손에 잡히는 구체적인 성공 모델이 강력한 동기가 된다. 결국 그들의 인생을 바꿀 수 있는 것은 야구밖에 없다. 이 직업을 선택한 순간부터 삶의 질을 바꿀 수 있는 건 오직 야구뿐이라는 사실을 깨닫게 해줘야 한다.

프로에 입단했다면 이미 자질은 충분하다. 이제 필요한 건 올바른 마음가짐과 스스로 생각하고 느끼는 노력뿐이다.

선수들에게 새로운 기술을 가르쳐주는 것도 중요하지만, 알면서도 실천하지 못하는 일들을 기어이 하게끔 도와주는 것은 더욱 중요하다. 그러려면 먼저 마음가짐부터 바꿀 수 있어야 한다. 마음가짐이 갖춰지지 않으면 기술을 가르쳐도 제대로 익힐 수 없다.

코치로서 내가 추구했던 것도 바로 이것이었다. 선수들이 단순히 지시에 따라 움직이는 것이 아니라, 자신의 노력이 어떤 결과로 이어질지 이해하고 그 과정에서 성장의 즐거움을 찾는 것. 그것을 선수들에게 전달하기 위해 끊임없이 고민했다. 그리고 여전히 고민하고 있다.

...

**결국 그들의 인생을 바꿀 수 있는 것은
야구밖에 없다. 이 직업을 선택한 순간부터
삶의 질을 바꿀 수 있는 건 오직 야구뿐이라는 사실을
깨닫게 해줘야 한다.**

남자의 자존심

그토록 원하던 코치가 되었지만 또 다른 시련이 기다리고 있었다. 내가 코치가 된 바로 그해에 현대 유니콘스가 해체되고 넥센(당시엔 '우리') 히어로즈로 재창단하는 일이 벌어진 것이다. 현대에 있던 사람들은 내가 얼마나 열심히 일하고 또 잘하는지 알았지만, 새로운 조직은 나에 대해 전혀 몰랐다. 승계 과정에서 자존심 상하는 일이 많았다. 이런저런 제안을 해왔지만 뒤돌아보지 않고 나왔다.

17년 동안 몸담았던 팀을 떠나면서 아쉽지 않았다면 거짓말이겠지만, 더 이상은 '나의 팀'이 아니었기에 미련은 없었다. 언제든 다른 팀으로 갈 수 있다는 자신감도 있었다.

나를 인정하지 않는 조직은 떠난다

살아오면서 내 신조가 하나 있다. '나를 인정하지 않는 곳에서는 나와야 하고, 내가 책임져야 할 때는 확실히 책임을 져야 한다'는 것이다. 망설이지 말고 떠나야 하는 순간이 있다. 내가 열심히 일하는데 인정받지 못하면 재미없다. 내가 책임져야 하는데 그러지 않으면 추하다.

어떤 지도자들은 책임지고 물러나야 할 상황에서 끝까지 버틴다. 자진해서 사퇴하면 잔여 기간 연봉을 받지 못하지만, 버티다 경질을 당하면 모두 받을 수 있기 때문이다. 나는 그냥 사표를 쓴다. 나를 원하는 곳이 있으면 그곳에 가서 일하면 되고, 일이 없으면 그 시간 동안 공부해서 부족한 부분을 채우면 된다. 돈에 연연하면 방향을 잃는다.

훗날 넥센 히어로즈 감독직을 내려놓을 때도 마찬가지였다. 어느 순간 구단에서 이제 내가 없어도 된다고 여기는 느낌을 받았다. 그 느낌은 사실로 드러났고. 사람들은 트러블이 있어서 나왔다고 생각하지만, 사실은 트러블을 만들기 싫어서 나왔다. 나의 가치를 인정하지 않는 조직과 싸워가며 일할 필요는 없다.

물론 결정을 내리기 전에 자신을 냉정하게 돌아봐야 한다. '내가 정말 스스로 생각하는 것만큼 실력을 갖추고 있는가? 내가 정말 이 조직에 가치를 더하는 사람인가?' 이런 질문에 답하는 건 쉽지 않다. 자기 자신을 객관적으로 평가하는 건 사실상 불가능하기 때문이다.

먼저 윗사람이나 동료들이 나를 어떻게 평가하는지 귀 기울여 들어야 한다. 만약 그들이 내 노력이나 능력이 부족하다고 생각한다면, 내 생각이 어떻든 일단은 그 평가를 겸허히 받아들여야 한다. 별다른 노력 없이 스스로를 과대평가하는 사람은 결코 발전하지 못한다. 그런 사람은 자신이 생각하는 모습과 타인이 바라보는 모습 사이의 간극에 갇혀 평생 방황할 수밖에 없다.

—

가장 먼저 출근하고 가장 늦게 퇴근한다

성공하려면 특별해져야 한다. 남들과 똑같이 해서는 절대 성공할 수 없다. '무난하게 길게 가는 것'을 목표로 삼는 사람이 있다. 물론 그것도 하나의 삶의 방식이니 존중한다. 대신 정상의 자리는 그에게 허락되지 않는다. 특별한 성취를 원한다면 남다른 노력과 결단이 반드시 필요하다.

내가 원하는 것은 분명했다. 내가 나를 써달라고 부탁하는 게 아니라, 조직에서 나를 필요로 해서 먼저 와달라고 요청받는 사람이 되는 것. 내가 선택할 수 있는 삶을 살고 싶었다. 그래서 운영팀에서 밤을 새워가며 일했고, 그 와중에도 지도자로서의 공부를 게을리하지 않았다. 그래야만 선택의 폭이 넓어지고, 내가 진정으로 원하는 길을 선택할 수 있을 테니까.

선수 생활을 마무리할 때 나와 약속했다. '단장도 할 수 있고, 수석코치도 할 수 있는 사람이 되겠다.' 그리고 실제로 그 약속을 지켰다. 지금의 나는 코치와 감독, 단장을 거쳐 다시 감독이 되었다. 설령 감독으로서 실패하더라도 단장으로 오라는 제안을 할 팀이 있을 거라 생각한다. 잘난 척 하려는 게 아니다. 그만큼 다양한 경험과 실력을 쌓아왔기 때문에 스스로를 믿을 수 있게 되었다는 이야기이다.

야구 선수 출신으로 구단 행정과 운영 업무를 모두 할 수 있는 사람은 아주 드물다. 내가 타고난 능력이 출중해서가 아니다. 목표를 위해 구체적인 계획을 세우고, 계획에 따라 꾸준히 노력했기 때문이다. 누구나 원한다면 할 수 있는 일이다. 실제로 그 길을 간 사람이 많지 않을 뿐이다.

이러한 경험이 있기에 나는 선수들, 특히 큰 활약을 보여주지 못한 선수들에게 다른 가능성을 제시할 수 있다. "꼭 그라운드에서 스타가 되지 못해도, 지도자나 프런트로서 야구계에서 얼마든지 성공할 수 있어"라고 말해줄 수 있다. 단, 한 가지 조건이 있다. 자기만의 특별함을 만들어야 한다. 남들과 똑같은 생각, 똑같은 노력으로는 결코 특별해질 수 없다. 남들이 가지 않는 길을 가고,

남들이 하지 않는 고민을 해야만 한다.

내가 줄 수 있는 조언은 하나다.

"가장 먼저 출근하고 가장 늦게 퇴근하라."

야구든, 회사든, 장사든 분야를 막론하고 이것이 성공의 첫걸음이라고 생각한다. '꼰대'라고 해도 어쩔 수 없다. 남들보다 일찍 와서 커피 한 잔 마시며 하루를 계획하고, 남들보다 늦게 남아 다음 날을 준비해보라. 하루에 서너 시간은 더 고민하는 시간을 확보할 수 있다.

자신에게 끊임없이 질문을 던져야 한다. '어떻게 하면 나만의 특별함을 만들 수 있을까? 어떻게 하면 이 조직에서 꼭 필요한 사람이 될까?' 나는 잠자는 시간 빼고는 항상 내 가치를 높일 방법을 고민했다. 코치들에게도 항상 강조한다.

"눈치 보며 일하지 마. 내 눈치도, 구단 눈치도 볼 필요 없어. 네 일만 잘하면 돼. 네가 진심을 다해 일했다면 누가 감히 뭐라 할 수 있겠어? 만약 그러는 사람이 있다면 그 사람이 이상한 거야."

열정을 갖고 과정을 보여주는 사람은 비록 결과가 좋지 않더라도 쉽게 외면받지 않는다. 왜냐하면 그가 노력하는 모습을 모두가 목격했기 때문이다. 상사들은 그런 사람을 보며 '한번 키워볼 만한 가치가 있다'고 생각한다. 반면에 무색무취하게 출퇴근만 반복하고, 회사의 성과에는 무관심한 채 시키는 일만 하는 사람은 언제든 대체될 수 있다.

조직이나 상위 리더와 맞지 않을 때도 있다. 내가 가진 역량을 반밖에 펼칠 수 없는 환경이라면, 나는 망설이지 않고 떠날 것이다. 재미도 보람도 없고, 나머지 역량을 억지로 끌어내려다 보면 오히려 조직 전체에 해를 끼칠 수도 있기에 그렇다. 그런 상황에서는 과감히 떠나는 편이 모두에게 이롭다.

나에게는 이것이 바로 '남자의 자존심'이다. 우선 실력으로 인정받는 사람이 되어야 하고, 자신의 가치를 인정하지 않는 곳에서는 당당히 떠날 수 있어야 한다.

여기서 잊지 말아야 할 것이 있다. 바로 겸손함이다. 아무리 실력과 자신감을 갖추었더라도, 겸손을 잊은 사람은 결코 끝까지 가지 못한다. 주변에 아무도 남지 않기 때문이다.

…

**실력으로 인정받는 사람이 되어야 하고,
자신의 가치를 인정하지 않는 곳에서는
당당히 떠날 수 있어야 한다.
나에게는 이것이 바로 '남자의 자존심'이다.**

반드시
다른 문이 열린다

—
'나의 팀'이 사라졌다

현대 유니콘스는 내게 단순한 직장 이상이었다. 내 야구 인생의 터전이었고, 내 인생의 절반이었다. 처음 프로야구 선수가 된 건 태평양 돌핀스였지만, 현대에서 더 많은 시간을 보냈다. 내게 프런트 일을 제안하고 처음 코치직을 맡긴 것도 모두 현대였다.

물론 현대에서 보낸 모든 시간이 아름답기만 한 건 아니었다. 선수로서 경험한 실패는 그전까지 인생에서 느껴보지 못한 쓰디쓴 절망감을 안겨주었다. 하지만 그 실패가 있었기에 결과적으로 나는 더 큰 꿈을 꿀 수 있었다. 수석코치가 되겠다는 꿈, 단장이 되겠다는 꿈. 그 꿈 속에서 나는 언제나 현대 유니콘스의 유니폼을 입고 있었다.

그렇기에 잠을 줄이며 목숨 걸고 일했고, 팀에 없어서는 안 될 사람이 되었고, 결국 코치가 되어 다시 유니폼을 입고 숭의야구장 잔디를 밟았다. 내가 쏟았던 모든 노력은 나를 위한 것이었지만, 나 혼자만을 위한 것은 아니었다. 나는 '나의 팀'과 함께 최고가 되고 싶었다. 그리고 나의 팀은 현대 유니콘스였다.

그런데 현대 유니콘스가 사라진다니. 엄청난 허탈감이 밀려왔다. 선수로서 실패했을 때와는 또 달랐다. 그때 나는 수많은 기회를 스스로 걷어찬 멍청이였다. 하지만 은퇴한 후로는 누구보다 노력했다. 누구보다 팀에 헌신했다. 그렇기에 '해단'이라는 충격적인 소식 앞에서 망연자실할 수밖에 없었다. 단순히 직장을 잃는 것 이상이었다. 선수에게 팀은 자신의 정체성이다. 특히 나처럼 한 팀에서 성장해온 사람에게는 더욱 그렇다. 갑작스러운 해단은 내게 있어서 과거와 미래가 동시에 사라지는 일이나 다름없었다.

인생에서 가장 힘든 순간은 자신이 통제할 수 없는 상황에 직면할 때이다. 아무리 절실해도, 아무리 능력이 있어도, 구단의 존폐 여부는 내가 어찌할 수 없는 문제였다. 하지만 그것을 어떻게 받아들이는가는 순전히 나에게 달린 문제였다.

2장. 안 되는 것은 없다, 시간이 필요할 뿐

1998년 한국시리즈 우승을 차지한 현대 유니콘스. 피라미드 가운데 내가 있다.

처음엔 당황했다. 분노와 허탈감도 찾아왔다. 그러나 언제까지고 부정적인 생각에만 사로잡혀 있을 수는 없었다. 현대 유니콘스가 사라진다고 내 야구 인생이 끝난 것은 아니지 않나. 나는 내 야구 인생이 조금 더 성숙해질 시기가 왔노라고 스스로를 다독였다. 아이들이 성장하면 편안한 집을 떠나야 하는 것처럼, 내게도 그런 때가 찾아왔을 뿐이라고.

현대 유니콘스를 인수한 히어로즈에서 이런저런 제안을 했지만 나는 모두 거절하고 팀을 나왔다. 끌려다니고 싶지 않았고, 나를 모르는 사람들에게 그저 승계된 직원으로 평가받으며 일하고 싶지도 않았다. 새로운 곳에서, 나를 인정해주는 사람들과 일하며, 내가 가진 것을 아낌없이 펼쳐보이고 싶었다.

목적지가 확고하다면 절반은 도착한 것이다

인생의 역경은 우리를 더 강하게 만든다. 하지만 저절로 그렇게 되지는 않는다. 우리가 역경을 어떻게 받아들이고, 그로부터 무엇을 배우느냐에 달렸다. 나는 선수 시절의 실패에서 절실함을 배웠고, 현대 유니콘스가 해체하는 과정에서는 스스로를 믿는 법을 배웠다.

 비록 팀은 사라졌지만, 내가 쌓아온 경험과 능력은 사라지지 않았다. 프런트와 지도자 경험을 모두 가진 사람은 당시만 해도 나밖에 없었다. 그것이 내 자산이었다. 나는 가진 것에 만족하지 않았고, 노력과 공부를 통해 계속해서 자산을 불려왔다. 어디서든 진가를 발휘할 수 있다는 자신감이 내게는 있었다.

 곧바로 SK, 두산, LG 세 팀에서 스카우트 제의가 왔다. 당시 야구계에서는 나를 유능한 프런트 직원으로 생각했다. 그렇기에 세 곳에서도 나를 프런트로 영입하고 싶어 했다. 어디를 가든 나는 목표했던 단장 자리까지 올라갈 자신이 있었다. 하지만 그것은 나중 일이었다. 내게는 수석코치라는 우선적 목표가 있었다. 그래서 내 선택은 1년 동안 프런트로 일한 후 코치로 보직을 전환시켜주겠다고 약속한 LG 트윈스였다.

정확한 목표를 세우는 것이 중요한 이유가 바로 여기에 있다. 다른 곳에서 더 좋은 조건을 제시했지만, 고민하지 않았다. 단장과 수석코치라는 두 가지 목표를 모두 이루기 위해서는 LG 트윈스가 최선의 선택이었기 때문이다.

물론 한 번의 선택이 모든 것을 보장해주지는 않는다. 인생에 그런 일은 없다. 살다 보면 뜻하지 않은 변화가 항상 찾아오고, 그럴 때마다 우리는 선택의 기로에 선다. 선택의 결과를 미리 알 수 있다면 얼마나 좋겠냐마는 그건 불가능하다. 분명한 목표는 그런 순간마다 든든한 나침반이 되어준다.

정확한 목적지가 있을 때 우리는 길을 잃지 않을 수 있다. 제2의 야구 인생을 시작하기로 마음먹은 순간부터 내 삶의 목적지는 항상 분명했다. 그렇기에 현대라는 '집'이 사라지는 커다란 변화 속에서도 나는 방향을 잃지 않을 수 있었다.

새로운 시작은 언제나 두렵다. 하지만 나는 LG 트윈스에서도 내 방식대로 일했다. 가장 먼저 출근하고 가장 늦게 퇴근했다. 누구보다 열심히 일했고, 누구보다 많이 공부했다. 그리고 LG 트윈스는 나의 가치를 알아봐주었다. 처음부터 다시 시작한다는 마음이었지만, 실은 더 높은 곳을 향해 나아가는 과정이었던 것이다.

누구나 삶에서 중요한 것을 잃는 경험을 한다. 사랑하는 사람, 소중한 물건, 꿈꾸던 미래. 그것들이 갑자기 사라질 때, 우리는 깊은 상실감을 느낀다. 하지만 그 상실감이 우리의 인생을 정의하지는 않는다. 그 경험에서 무엇을 배우고, 어느 방향으로 나아가느냐가 인생을 결정한다.

문이 하나 닫히면 반드시 다른 문이 열린다. 중요한 것은 닫힌 문을 바라보며 좌절하는 것이 아니라, 열린 문을 향해 용기 있게 발걸음을 내딛는 것이다. 현대 유니콘스는 사라졌지만, 그곳에서의 경험은 내 안에 여전히 살아 있다. 그리고 그 모든 경험들이 지금의 나를 만들었다.

…

제2의 야구 인생을 시작하기로 마음먹은 순간부터 내 삶의 목적지는 항상 분명했다. 그렇기에 현대라는 '집'이 사라지는 커다란 변화 속에서도 나는 방향을 잃지 않을 수 있었다.

2장. 안 되는 것은 없다, 시간이 필요할 뿐

상향 리더십은
무기가 된다

사람들은 흔히 리더십을 아래 사람을 이끄는 능력으로만 생각한다. 하지만 그것만으로는 부족하다. 자신의 상사, 더 나아가 조직 자체를 움직일 수 있는 능력이 없다면 아무리 부하 직원들을 잘 이끌어도 본질적인 변화를 만들어낼 수 없기 때문이다.

그래서 나는 '상향 리더십'을 무척 중요하게 생각한다. 이는 단순히 윗사람에게 잘 보이기 위한 처세술이 아니다. 철저한 준비와 전문성을 바탕으로 상사를 설득하고, 때로는 그들의 생각과 방향을 바꾸는 역량이다. 내가 지금까지 걸어온 길에서 결정적인 전환점들 대부분은 이 상향 리더십을 발휘했을 때 만들어졌다.

실력 없이는 누구도 설득할 수 없다

LG 트윈스에서 운영팀장을 맡았을 때의 일이다. 당시 구본준 구단주는 FA(자유계약선수) 영입에 부정적이었다. 연이은 실패를 겪었기에 '외부 FA는 잡지 않는다'라는 구단의 방침이 있었다. 하지만 내부 육성만으로는 한계가 분명했다. 6년 연속 가을야구 진출에 실패한 LG 트윈스가 경쟁력을 갖추기 위해서는 FA 시장에 나온 이진영과 정성훈을 잡아야 했다.

문제는 구단주의 마음을 돌리는 방법이었다. 그저 "FA를 잡아야 합니다"라고 읍소하는 것으로는 충분하지 않았다. 나는 LG 트윈스가 강팀이 되기 위해 향후 3년 동안 어떤 준비가 필요한지, 두 선수가 팀에 합류함으로써 어떤 시너지를 발휘하게 될지, 이후 육성은 어떻게 해야 할지 철저하게 정리한 '3개년 발전 기획안'을 작성해 프레젠테이션을 진행했다.

결과는 대성공이었다. 구단주는 단장과 사장에게 "이렇게 해야 내가 설득을 당하지. 나를 이해시킬 수 있어야 내 생각을 바꿀 수 있는 거야"라며 칭찬을 아끼지 않았다. 정성훈과 이진영이 팀에 합류했고, 몇 년 후 LG 트윈스는 11년 간의 '비밀번호'를 청산하고 마침내 가을야구의 단골손님이 되었다. 그리고 이때를 계기로 나는 구단에서 더 많은 직책과 권한을 얻게 되었다.

이 경험은 나에게도 큰 자산이 되었다. '할 수 없다'는 말은 사실 '방법을 찾지 못했다'는 말에 불과하다. 리더의 역할은 방향이 정해지면 아무리 커다란 벽이 가로막고 있다고 해도 방법을 만들어내는 것이다. 상사의 마음이 얼음처럼 단단하더라도, 상향 리더십을 발휘해 설득하고 녹일 수 있어야 한다.

상향 리더십의 핵심은 실력이다. 자신의 분야에서 전문성을 갖추지 못하면 윗사람을 설득할 수 없다. LG 구단주의 마음을 바꿀 수 있었던 것은 내가 야구에 대한 전문성과 팀 운영에 대한 구체적인 비전을 갖고 있었기 때문이다. 하지만 결코 실력이 전부는 아니다. 상대방의 마음을 이해하고 그 사람의 언어로 소통하는 능력이 반드시 뒷받침되어야 한다. 첫 단추는 상대에 대한 정확한 파악이다. 그가 어떤 관심을 갖고 있는지, 어떤 생각을 하는지, 어떤 성격인지를 알아야 한다. 결국 사람 대 사람으로 다가가야 마음을 열 수 있다.

현대 유니콘스 시절 김용휘 사장은 골프를 굉장히 좋아했다. 골프채, 골프장, 골프웨어까지 골프에 관한 모든 것에 관심이 많았다. 그때까지 나는 골프에 그다지 관심이 없었다. 하지만 사장과 더 가깝게 소통하고 신뢰를 쌓기 위해 골프를 공부하기 시작했다. 골프 잡지를 구독해 읽고, 새로운 골프채가 출시되면 재빠르게 정보를 수집했다. 결국 "염 팀장, 이 골프채 어때?" 하는 질문을 받으면, 즉시 전문가처럼 그 채의 특성과 장단점을 줄줄 읊을 수 있게 되었다.

또 평소에 여행을 좋아해서 여행사나 항공사에 인맥이 많았는데, 상사가 해외로 여행을 간다며 나에게 조언을 구하면 스케줄 잡는 것부터 항공권 예약과 업그레이드까지 성심껏 도와드렸다.

나는 이걸 아부라고 여겨본 적이 없다. 그렇게 생각하면 낯뜨거운 짓에 불과해진다. 하지만 내 일의 일부라고 생각하면? 그저 노력하는 사람이 되는 것이다.

아부는 진정성이 없고 단기적인 이익만을 추구한다. 반면 상향 리더십은 조직의 발전과 공동의 목표를 위해 상사를 설득하고 이끄는 것이다. 그래서 진정성이 있어야 한다. '성공하고 싶어서 안달 난 사람'과 '진심으로 일하는 사람'은 결코 같지 않다. 현명한 상사는 두 부류의 사람을 쉽게 구분한다.

어떤 사람들은 업무와 직접적 관련이 없는 이런 노력들을 불필요한 것으로 치부할지 모른다. 하지만 나는 항상 모든 걸 미리 준비해두는 성격이다. 인간관계에서도 다르지 않다. 평소의 관계 관리를 무척 중요하게 생각한다. 관심을 가지고 상대를 살피고, 필요할 때 성심껏 도와주고, 주위에도 넉넉히 베풀려고 노력한다. 준 만큼 돌려받겠다는 생각으로 그러는 것은 아니다. 하지만 어려운 일이 생겼을 때 꼭 내가 도와줬던 사람이 아니더라도 누군가 그 도움을 내게 베풀어주었다.

남을 돕는 일은 결국 돌도 돌아 나를 돕는 일이라는 것, 내가 살면서 깨달은 또 하나의 중요한 교훈이다.

큰 변화를 만드는 가장 강력한 도구

내가 단장으로 일하던 2018년, 정규시즌을 2위로 마무리한 SK 와이번스는 한국시리즈에서 두산 베어스를 꺾고 우승을 차지했다. 프로야구 선수에게 가장 중요한 것은 뭘까? 명예와 돈이다. 그렇다면 모든 팬의 가슴을 뜨겁게 한 '업셋' 우승에 합당한 보너스가 지급돼야 마땅하다.

끈질기게 구단주를 설득했다. 구단에서 정한 보너스 외에 지원금을 받아, 그 돈을 계약금 형태로 선수들에게 지급했다. 예상보다 많은 금액을 받은 선수들은 기뻐하며 구단주를 재평가했다.

"역시 우리 오너는 돈을 쓸 줄 아셔."

여기서 중요한 점은 내가 공을 챙기려 하지 않았다는 것이다. 상위 리더가 구성원들에게 칭찬받고 존경받게 만드는 것, 그것이 상향 리더십의 또 다른 핵심이다. 조직 전체의 사기를 높이고, 결과적으로 자신의 영향력도 커진다. 어차피 직접 생색 내지 않아도, 누가 이 일을 추진했는지 선수들은 다 알고 있었다.

상향 리더십은 단순히 자신의 위치를 공고히 하는 데서 그치지 않고, 실질적인 변화와 성과로 이어질 때 진정한 가치를 발휘한다. 그리고 그 보상은 반드시 아래로 흘러가야 한다. 내가 더 많은 권한과 자원을 확보할 수 있게 되었다면, 그것을 활용해 팀원들에게 더 나은 환경과 기회를 제공해야 한다. 즉, 직접적인 혜택을 돌려줘야 한다.

나는 내가 데리고 있던 직원들을 늘 평균보다 빠르게 진급시켰다. 내가 가진 것을 모두 활용해 성장할 수 있도록 동기부여하고 이끌면서 보통 5년 걸리는 진급을 3~4년 안에 이루어지도록 만들었다. 자신의 성장을 진심으로 도와주는 상사를 누가 따르지 않겠는가? 왜 열심히 하지 않겠는가? 이것이 바로 사람과 사람이 이어지는 시스템의 핵심이다.

사람들은 말한다. "우리 회사는 구조적인 문제가 있어서…" "우리 팀은 예산이 없어서…" "우리 대표는 그런 걸 안 좋아해서…" 이런 말들은 모두 변명에 불과하다. 상향 리더십을 갖춘 리더는 '불가능'이라는 말을 믿지 않는다. 자신의 권한으로 할 수 없다면, 권한을 가진 사람을 움직일 수 있어야 한다. 당장은 어려워도, 언젠가는 가능하다고 믿고 노력해야 한다.

리더는 위에서 아래로 명령하는 사람이 아니다. 아래에서 위로, 위에서 아래로, 그리고 옆으로도 영향력을 발휘할 수 있는 사람이다. 그중에서도 상향 리더십은 커다란 변화를 만들어내는 가장 효과적인 도구다.

상향 리더십은 타고나는 것이 아니라 노력으로 만들어진다. 전문성을 갖추고, 상대방을 이해하고, 진정성을 갖고 접근하면 누구나 발휘할 수 있다. 그리고 그 능력은 어떤 직책에서든, 어떤 상황에서든, 성공을 위한 강력한 무기가 된다.

...
상향 리더십의 핵심은 실력이다.
전문성을 갖추지 못하면 윗사람을 설득할 수 없다.
하지만 실력이 전부는 아니다.
상대방의 마음을 이해하고 그 사람의 언어로
소통하는 능력이 반드시 뒷받침되어야 한다.

스카우터, 미래의 설계자

야구에서 스카우트는 단순히 선수를 뽑는 업무가 아니다. 팀의 미래를 설계하고 운명을 바꾸는 일이다. 현장의 코칭스태프가 당장의 승리를 준비한다면, 스카우터는 3년, 5년, 어쩌면 10년 뒤 팀의 얼굴을 그린다. 한 명의 선수를 영입하는 결정이 때로 팀의 색깔을 바꾸고, 팬들의 기억에 남을 역사를 만들어낸다.

특히 한국 프로야구는 신인 드래프트와 외국인 선수 영입이 성적에 큰 영향을 미치는 구조라 스카우터의 역할이 더욱 중요하다. 좋은 선수를 제때 발굴하지 못하면 수년간 하위권을 전전할 수 있고, 반대로 단 한 명의 적중이 팀을 정상으로 이끌 수도 있다.

나는 현대 운영팀에서도 스카우트 업무를 맡았었고, LG로 옮

긴 후에도 스카우트팀에서 일했다. 이때는 특히 외국인 선수 영입에 많은 공을 들였다. 그 과정에서 지금도 LG 팬들에게 향수를 불러 일으키는 선수 로베르토 페타지니를 영입했다. 흥미로운 사실은 원래 투수를 찾으러 갔었다는 거다. 미국과 남미 전역을 돌았는데도 마땅한 투수를 찾지 못해 타자로 방향을 급선회했다. 구색 맞추기로 실력이 부족한 투수를 뽑느니 잘하는 타자를 데려가는 게 팀에 도움이 된다고 판단했다.

결국 페타지니는 2008년에 이어 2009년 최고의 4번 타자로 우뚝 섰고, 지금도 역대 LG 트윈스 외국인 타자 중 최고의 선수로 손꼽힌다. 과거 일본에서 성공적인 선수 생활을 했던 페타지니는 20만 달러에 한국행을 선택했다. 돈보다 야구 자체를 정말 좋아한 선수였다. 당시 마흔에 가까운 나이였지만 파워는 물론이고 그라운드에서 집중력이 대단했다. 외국인 선수를 선발할 때는 단순히 기량만이 아니라 멘탈과 성격, 절실함까지 살펴야 한다. 페타지니는 그 모든 것을 갖춘 선수였다.

—

긁지 않은 로또?

야구를 잘 안다고 해서 대성할 선수를 알아볼 수 있는 것은 아니고, 평생 야구를 했다고 해서 선수의 잠재력을 정확하게 평가할 수 있는 것도 아니다. 오히려 오랜 세월 쌓인 편견이 판단을 흐려 선수의 진면목을 알아보지 못하기도 한다. 결국 선수를 보는 안목도 경험과 시행착오를 통해 키워나가는 것이다.

메이저리그 오클랜드 애슬레틱스의 단장이었던 빌리 빈의 이야기를 그린 영화 〈머니볼〉에도 이런 이야기가 나온다. 영화에서 빌리 빈은 자신처럼 '특급 유망주'라는 평가를 받고도 실패하는 선수들이 나오는 이유가 스카우터들의 편견 때문이라고 생각한다. 잘생긴 얼굴이나 탄탄한 몸매, 선수의 여자 친구가 얼마나 예쁜지(자존감이랑 연관이 있다나) 등 야구와 딱히 관계 없는 요인이 선수 평가에 영향을 주었던 것이다. 그는 통계와 데이터를 바탕으로 선수들을 평가하는 새로운 방식을 도입한다.

2차 1라운드, 전체 4번으로 지명되며 프로에 첫발을 내디뎠지만 결과적으로는 백업으로 전락했던 내 경험이 역설적으로 사람 보는 눈을 기르는 데 도움이 되었다. 직관만으로 혹은 데이터만으로 선수의 현재와 미래를 판단할 수 없음을 뼈저리게 알고 있었다.

선수를 정확하게 보기 위해서는 타고난 재능과 노력의 상관관계, 신체적 조건과 기술적 특성, 선수의 정신적 강인함 같은 다양한 요소를 종합적으로 고려해야 한다. 객관적인 데이터에 근거하면서도 숫자로 드러나지 않는 행간을 읽어야 하고, 신체 조건만이 아니라 내면까지 볼 수 있어야 한다. 선수의 지금 상태를 정확히 파악하면서도 섣불리 미래를 단정 지어서는 안 된다.

물론 말처럼 쉬운 일은 아니다. 현대 프런트 시절, 신인 드래프트에서 양현종과 장시환이 1순위 지명 물망에 올랐는데, 개인적으로 장시환을 더 높게 평가했다. 당시 장시환은 150킬로미터를 던지고 있었고, 양현종은 142킬로미터 정도였다. 투수의 체격과 구속은, 절대적이라고 할 수는 없지만, 밀접한 관계가 있다. 만약 양현종의 키가 더 큰다면 구속이 늘어날 여지가 충분히 있지만 그렇지 않다면 쉽지 않은 일이 될 터였다. 하지만 양현종은 결국 KBO 리그의 대스타이자 '대투수'가 되었다. 양현종은 프로에 와서 체격과 함께 구속도 더 올랐다. 이러한 경험을 통해 프로에 와서도 선수의 체격적 조건이 더 발전할 수 있다는 교훈을 얻었다.

―

무엇보다 용기가 필요하다

인재 발굴과 육성에서도 '특별함'이 필요하다. 다른 사람과 똑같이 바라보면 결과도 똑같을 수밖에 없다. 남들이 보지 못하는 가능성을 볼 수 있어야 특별한 선수를 만들어낼 수 있다. 기존 관점에서는 단점으로 보이는 것이 다른 관점으로 보면 강점이 될 수도 있다는 사실을 잊지 말아야 한다.

SK 와이번스 시절 하재훈 선수가 그랬다. 외야수로 뽑았던 하재훈을 투수로 전향시켰고, 바로 그해에 구원왕이 되었다. 투수 경험이 있었으나 많지 않은 것을 오히려 어깨가 싱싱하다는 장점으로 봤다. 시속 150킬로미터대 강속구를 뿌릴 수 있는 하재훈에게는 불펜투수가 제격일 것이라는 판단이 적중했다. 이후 어깨 부상을 입어 다시 야수로 돌아가긴 했지만, 선수와 팀 모두에게 의미 있는 선택이었다.

선수를 볼 때 나만의 기준이 있다. 나는 현재보다 미래 가치를 더 중요하게 본다. 이 선수가 앞으로 성장했을 때 어떤 선수가 될까, 롤 모델은 누구인가를 생각하며 성장 가능성을 평가하는 것이다. 당장은 부족해 보여도 기량이 폭발적으로 향상되는 선수들이 있다. 반대로 아마추어 시절 뛰어났지만 결국 유망주로 끝나는 선수들도 있다. 그 차이를 알아볼 수 있어야 한다.

가령, 투구 폼이 유연하고 부드러운 투수는 크게 성장할 수 있음을 다시 확인했다. 지금 LG 트윈스 마무리를 맡고 있는 유영찬이 그런 케이스다. 대학 시절에는 주목받지 못한 투수였는데, 스카우트팀에서 '예쁜' 폼 하나만 보고 선발했다. 그런 폼을 가지고 있었기에 타자와 싸울 수 있는 결정구를 장착하며 팀의 뒷문을 든든하게 지키는 마무리로 성장할 수 있었다.

LG 트윈스 운영팀에 있던 시절 내가 뽑은 선수가 오지환과 채은성이다. 입단 당시부터 많은 기대를 받았던 오지환과 달리, 채

은성은 프로 지명을 받지 못하고 고려대로 진학이 확정된 상황이었다. 고등학교 시절 포지션은 포수였는데, 프로 레벨에는 조금 못 미친다는 평가를 받았다.

하지만 나는 3루수나 외야수로 키운다면 충분히 가능성이 있다고 판단했다. 결국 직접 부모님을 설득해 신고선수(육성선수)로 영입했다. 결과적으로 채은성은 FA로 떠나기 전까지 외야의 든든한 한 축이 되어 LG 트윈스가 가을야구의 단골손님이 되는 데 큰 역할을 했다.

자기 선수를 빼갔다며 당시 양승호 고려대 감독님이 크게 노하셨지만, 선수와 팀을 위해서라면 욕은 얼마든지 들을 수 있다. 인재를 발굴하기 위해 때로는 기존의 관습이나 통념을 깨는 용기가 필요하다.

성공적인 스카우트를 위해서는 첫째로 관찰력을 길러야 한다. 기본기나 기술적인 면은 물론이고 작은 움직임 하나부터 경기 상황에 따른 반응, 심지어 벤치에서의 모습까지 세심하게 관찰해야 한다. 특히 위기 상황에서 어떻게 대처하는지를 봐야 한다. 2회말 2사 만루에서 타석에 들어서는 타자의 눈빛, 이닝 초반 홈런을 맞고 흔들리는 투수의 표정, 이런 것들이 그 선수의 미래를 예측할 수 있는 중요한 단서가 된다.

객관적인 데이터와 주관적인 판단이 모두 중요하다. 요즘은 스탯캐스트, 트랙맨 같은 첨단 장비로 선수들의 데이터를 상세히 분석할 수 있다. 구속, 회전수, 발사각, 타구 속도 등 다양한 수치를 확인할 수 있지만, 야구는 사람이 하는 것이기 때문에 온전히 숫자로 환원될 수 없다. 숫자로 표현되지 않는 선수의 재능과 발전 가능성을 보는 눈이 필요하다.

그래서 선수의 배경도 반드시 살펴본다. 가정 환경, 성장 과정, 학창 시절의 이야기들은 그 선수가 어려움을 어떻게 극복해왔는지, 그리고 앞으로 프로에서 마주할 난관을 어떻게 헤쳐 나갈지 가늠할 수 있게 해준다. 물론 일반화하거나 선입견을 가져서는 안 되지만, 선수의 인성과 정신력을 파악하는 데 적지 않은 도움이 된다. 특히 외국인 선수를 뽑을 때는 인성과 절실함을 중요하게 본다. 한국 리그와 팀에 얼마나 잘 적응하느냐가 성적을 좌우하기 때문이다.

무엇보다 중요한 것은 용기다. 모든 사람이 좋다고 하는 선수를 선택하는 것은 쉽다. 하지만 아무도 주목하지 않는 선수의 가능성을 알아보고 과감히 베팅하는 것은 어렵다. 실패할 수도 있고, 비난받을 수도 있다. 하지만 그런 용기 없이는 남들이 발견하지 못한 원석을 찾아내기 어렵다.

지름길은 없다

누군가는 스카우팅이 결국 '로또'가 아니냐고 말할 수도 있다. 많은 부분 운이 작용하는 것은 사실이다. 하지만 운도 실력이다. 그 운을 만들기 위해 얼마나 많은 고민과 노력을 했는지는 자신만 안다. 남들보다 조금 더 열심히 관찰하고, 조금 더 깊이 생각하고, 조금 더 용기 있게 선택하려 노력해야 한다. 그 '조금'이 쌓여 결정적인 차이를 만든다는 사실은 굳이 말할 것도 없다.

사람을 보는 눈이 야구에서만 필요한 것은 아니다. 비즈니스, 정치, 교육 등 모든 분야에서 인재를 발굴하고 육성하는 것은 조직의 미래를 좌우하는 중요한 일이다. 특히 리더의 위치에 있는 사람일수록 좋은 안목이 필요하다. 당장 눈앞의 성과만 보는 것이 아니라, 장기적인 관점으로 사람의 가치를 알아볼 수 있어야 한다.

지름길은 없다. 수많은 사람을 만나고, 다양한 경험을 해봐야 한다. 자신의 판단을 끊임없이 검증하고 반성하는 과정은 필수다. 내가 이 선수를 이렇게 평가했는데, 실제로는 어떻게 되었는지 꾸준히 추적하고 분석해야 한다. 성공한 케이스뿐만 아니라 실패한 케이스에서 더 많은 것을 배울 수 있다.

그리고 그 모든 과정에서 열린 마음과 인내심을 유지해야 한다. 나의 편견으로 선수의 한계를 미리 정해서는 안 되고, 생각만큼 성장하지 못하는 선수를 인내심 있게 기다릴 줄도 알아야 한다. 인재 발굴과 육성에도 시간은 필요하다.

...
운도 실력이다. 그 운을 만들기 위해
얼마나 많은 고민과 노력을 했는지는 자신만 안다.
남들보다 조금 더 열심히 관찰하고,
조금 더 용기 있게 선택하려 노력해야 한다.
그 '조금'이 쌓여 결정적인 차이를 만든다.

3장

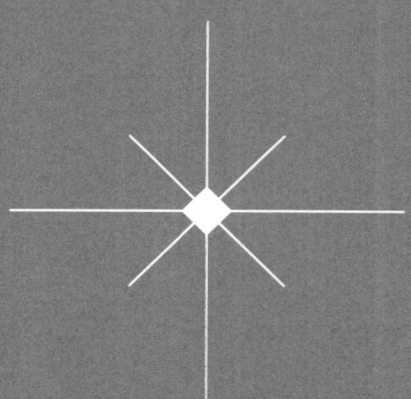

성공 체험을 만들어주는 사람

리더는 지위나 권력을 휘두르는 사람이 아니다.
사람이나 아이디어의 가능성을 알아보고,
그 잠재력에 기회를 주는 용기를 가진 사람이다.

_브레네 브라운

좋은 부모의
마음으로

야구계에서 내 이름 앞에는 여러 별명이 따라다녔다. 넥센 감독 시절 전략과 데이터를 중시한다 해서 '염갈량'이라는 과분한 별명이 생겼고, 요새는 많은 팬들이 나를 '염버지'로 부른다고 한다. '염경엽'과 '아버지'를 합친 이 별명은 특히 뜻깊고 감사한 마음이 들었다. 내가 선수들과 팀을 대하는 진심을 알아봐주시는 것 같아서 그렇다. (그저 내가 나이를 그만큼 먹어서일 수도 있고.)

나의 리더십 노트 가장 첫째 줄에는 "좋은 부모와 같은 마음으로"라는 문구가 적혀 있다. 부모는 자식을 사랑하지만 방임하지 않는다. 누구보다 자식의 성장을 응원하면서도, 잘못된 길로 가면 단호하게 막아 세운다. 끝까지 믿고 기회를 준다. 나는 리더의 자리도 그와 다르지 않다고 본다.

―
굳게 믿어주는 사람

사람들은 내 리더십의 강점이 꼼꼼함과 디테일이라고 말한다. 내 생각에도 그런 것 같다. 반면 내가 생각하는 내 리더십의 약점은 '욕심'이다. 선수에 대한 욕심이 유별나다. 더 잘될 수 있는데 안 하는 선수들을 보면 내 성격상 가만히 보지를 못한다. 때로는 그래서 오해가 생기고 문제가 생기기도 한다. 그래도 쉽게 포기가 안 된다. 그 선수의 인생을 위해서이기도 하지만, 그 선수가 잘되는 게 무엇보다 팀에 도움이 되는 일이기 때문이다.

나는 처음부터 김하성을 메이저리그감이라고 생각했다. 그랬기에 풀타임 첫해부터 되도록 많은 경기에 출전시켰다. KBO보다 경기 수가 많은 메이저리그에서 성공하기 위해서는 무엇보다 체력이 뒷받침되어야 하기 때문이다.

하루는 김하성이 경기 중에 헬멧에 사구를 맞은 적이 있다. 선수는 어지럽다고 했지만, 냉정하게 판단했을 때 엄살에 가까웠다. 아마도 조금 쉬고 싶었으리라. 어린 선수가 전 경기를 뛰는 것은 결코 쉬운 일이 아니다. 요령 아닌 요령을 부리고 싶은 마음도 충분히 이해할 수 있다. 하지만 아이를 키워본 사람은 안다. 무작

정 아이의 말을 들어주는 게 아니라, 이겨낼 수 있도록 도와주는 것이 부모의 일이라는 것을. 그래서 일부러 엄하게 말했다.

"이 정도도 못 이겨내면서 무슨 메이저리그야. 정 그럼 엔트리에서 빼줄게, 푹 쉬어."

김하성이 부진할 때도 나는 계속 경기에 내보냈다. 이럴 때 감독은 고집이 있어야 한다고 믿는다. 누군가는 '믿음의 야구'라 칭하며 상황에 따라 칭찬을 하기도 비난을 하기도 하지만, 믿음 없이는 육성도 없다.

리더는 결국 팀이 승리할 수 있도록 구성원들을 이끄는 사람이다. 때로는 쓴소리를 하고, 때로는 격려하면서 개개인의 성장을 도모하는 것은 지속 가능한 승리를 위한 과정이다. 개인의 성장이 모여 팀의 성장이 되고, 그 팀의 성장이 계속해서 승리를 만들어낸다.

―

엄격하고 분명하게 꾸짖는 사람

좋은 부모와 같은 리더십은 따뜻함만으로 완성되지 않는다. 승리를 목적으로 하는 야구팀에서 단순히 '사람 좋은' 리더가 되는 것은 무의미하다. 인기 투표에서 1등 하기는 쉽다. 늘 좋은 말만 하고, 모든 사정을 들어주고, 밥 잘 사주면 된다. 하지만 나는 필요할 때 단호하게 잘못을 지적한다. 누가 됐든 자기 위치에서 제 역할을 못 할 때는 정말 강하게 꾸짖는다. 그럴 땐 누구보다 냉정한 사람이고 원칙주의자다.

단, 그저 기분이 상해서 하는 분풀이가 아니라 상대의 발전을 위하는 쓴소리여야 한다. 부모가 자식을 위해 때로 엄하게 꾸짓듯, 사랑의 잔소리는 사람을 바꾸고 조직을 성공시키는 필수 요소이다. 그래서 나는 늘 왜 혼내는지 분명히 이야기한다.

"내가 지적하고 화내는 건 네가 지금보다 발전하길 바라서야. 계속 안 볼 거면 이런 얘기 하지도 않아. 그냥 다른 사람으로 바꾸면 되니까. 하지만 너는 장점이 훨씬 많다고 생각하기 때문에, 이런 실수들을 반복하지 않는다면 훨씬 더 성장할 수 있으니까 하는 소리야."

이런 말이 통하려면 신뢰가 바탕이 되어야 한다. 원칙이 있어야 한다. 선수들의 자율성을 존중하되, 기준과 방향을 제시해야 한다. 그래서 나는 시즌이 시작하기 전에 선수단과 반드시 운영 원칙을 공유한다. 주전 선수는 어떻게 관리할지, 백업은 어떤 기회를 받을지, 퓨처스 선수는 어떤 조건에서 콜업될지 구체적으로 설명한다. 이 과정을 통해 불필요한 오해나 감정의 개입을 줄이고, 공정한 시스템 안에서 선수들이 땀 흘릴 수 있도록 만든다. 이것이 신뢰를 쌓는 방법이라고 생각한다.

야구에서 기본이 중요하듯, 인생에서도 마찬가지다. 리더로서 성공하려면 인간이 되어야 하고, 모범이 되어야 한다. 스스로 떳떳해야 다른 사람에게 뭐라고 말할 수 있다. 누구보다 솔선수범해야 하고, 다른 사람을 이해해야 한다.

성공의 본질은 결국 '사람'이다. 사람을 향한 믿음, 존중, 진심, 그리고 헌신. 이런 것들 없이는 어떤 조직도 성공할 수 없다. "사람은 믿어주는 만큼 자라고, 아껴주는 만큼 여물고, 인정하는 만큼 성장한다." 이 말은 단순한 구호가 아니라, 내가 경험에서 얻은 진실이다.

리더십은 화려한 말이 아니다. 곁에서 함께 울고, 함께 웃고, 때로는 따끔하게 지적하면서도 끝까지 기다려주는 일이다. 그것은 부모의 마음이고, 동시에 내가 믿는 리더십이다.

…

**사람은 믿어주는 만큼 자라고,
아껴주는 만큼 여물고, 인정하는 만큼 성장한다.**

실력,
그리고 신뢰

실력을 결과로 보여줄 것

나는 항상 선수들에게 감사를 표현하고 작은 칭찬이라도 아끼지 않으려 애쓴다. "오늘 수고했고 정말 잘했어, 네 덕분에 이겼다." 이런 표현이 선수들과 팀의 사기를 끌어올린다는 걸 아니까. 그리고 실제로도 감사하고 뿌듯하게 느끼니까. 하지만 과연 내 진심이 전해지고 있을까? 내 말을 듣고 정말 기운이 날까?

아무리 진심을 다해 표현한다고 해도, 그것만으로는 부족하다. 내 말이 의도한 효과를 발휘하느냐는 근본적으로 선수들이 나를 얼마나 믿느냐에 달렸다. 신뢰가 있다면 내가 혹시라도 감정이 격해져서 조금 세게 말하더라도 선수들은 그것을 오해 없이 받아들인다. 하지만 신뢰가 없다면 어떤 말을 해도 반감이 남는다. 아무리 좋은 의도와 메시지를 담고 있다 한들 소용없다. 잔소리 한두 마디도 그럴진대, 큰 목표와 원대한 꿈을 공유하고 한 방향으로 모두를 이끌어야 할 때는 어떻겠는가.

리더십에서 가장 중요한 게 무엇일까. 사람들은 보통 '능력', '비전', '카리스마', '결단력' 같은 것들을 꼽는다. 물론 그 모든 것이 중요하다. 하지만 내가 생각하는 리더십의 가장 근본적인 토대는 '신뢰'다.

어떻게 신뢰를 얻을 것인가? 뭐니 뭐니 해도, 실력이다. 프로의 세계에서 리더에게 전문성과 실력은 필수다. 선수들이 나를 믿게 하려면 우선 내가 실력이 있다는 것을 보여줘야 한다. 나아가 그 실력이 자신들에게 확실히 도움이 된다고 인정하게끔 '결과'를 만들어내야 한다. 자기 혼자 실력 있는 사람은 그저 플레이어로 그친다. 리더가 되려면 그 실력이 남에게 도움이 되어야 한다.

리더는 결국 함께한 사람들에게 도움이 되었는가, 아닌가로 평가된다. 팀의 구성원들이 "저 사람은 같이 일하면 좀 힘든데 배울 건 많아"라고 생각할 수 있고, 다른 팀에서는 "내가 저 사람 밑에 있으면 좀 더 성장할 수 있을 텐데"라고 인정해줄 만큼 그 분야에서 자신의 실력을 입증해야 한다.

어떤 팬들은 내가 선수들에게 타격에 대해 조언하면 "1할 타자가 무슨 타격을 가르치냐" 한다. 투구에 대해 조언하면 "투수 해봤냐" 한다. 맞다. 나는 야구를 잘하지 못했다. 투수 경력도 없다. 하지만 그래서 오랫동안 정말 열심히 공부했고, 결과적으로 선수들보다 더 많은 지식을 갖게 됐다. 내가 실패를 해봤기 때문에, 자식 같은 내 선수들이 같은 실패를 하지 않았으면 하는 마음에서 여전히 치열하게 공부한다.

선수들은 물론 그걸 안다. 내가 노력하는 모습을 봐서 아는 것도 있겠지만, 결국 내가 보여준 성과들을 보고 아는 것이다. 내가 굳이 내세우지 않아도 내 경험과 성취를 인정해주는 것이다. 모든 것은 노력과 경험이다.

초짜 감독은 무엇으로 신뢰를 얻는가

하지만 아직 실력을 보여줄 만한 경험이나 커리어가 쌓이지 않은 초짜 리더는 어떻게 신뢰를 쌓을 수 있을까? 처음 넥센 히어로즈 감독이 됐을 때, 나는 이 문제에 맞닥뜨렸다. 아무도 나를 인정해주지 않았다. "염경엽이 왜 감독이 됐어?"라는 의문이 야구계에 가득했다. 아마 선수들도 그랬을 것이다. 상황이 이러니 감독이랍시고 폼이나 잡고 있을 게 아니라 치열하게 바닥부터 기어 올라야 했다.

먼저 나 자신을 객관적으로 평가해봤다. 야구에 대한 공부는 나름 완벽하게 해두었지만, 감독으로 실전 경험은 없었다. 코치들도 대부분 초짜였다. 팀은 만년 하위권. 아마 다 같이 죽기 살기로 구르며 훈련하는 쪽을 먼저 생각할 테다. 하지만 나는 반대 전략을 취했다. 팀에 자율성을 대폭 부여했다. 특히 기술적으로 완성형에 가까운 선수들에게는 철저한 자율을 줬다. 팀 전체를 세밀하게 가르치며 끌고 가기엔 내 역량이 아직 부족했다.

연습 백 번으로 천 번의 효과를 누릴 수 있는 훈련 방법을 찾아서 알려줬다. 또 선수가 스스로를 분석하고 부족한 부분을 자발적으로 채워나가게끔 꾸준한 면담을 통해 동기부여를 했다. 그러다 보니 넥센은 당시 10개 구단 중 전체 팀 훈련량이 가장 적었다. 꼴찌 팀에게 자율이라니, 무모해 보였을 것이다. 하지만 나에겐 철저한 계획이 있었다. 팀 현실을 냉정하게 바라보면서도 KBO의 트렌드를 끌고 가겠다는 의식이 있었다.

어느 선수에게나 슬럼프는 온다. 이때 기술적 훈련을 통해 문제를 해결하려 들기보다 휴식을 주고 마음의 여유를 되찾도록 했다. 완벽한 선수를 만드는 대신 선수의 슬럼프 기간을 단축하기로 한 것이다. 이 편이 훨씬 빠른 해결책이 되어줄 것이었다. 대신 파워가 떨어지지 않도록 웨이트 트레이닝을 집중적으로 시켰다.

이 방식으로 가장 뚜렷한 변화를 보인 선수가 강정호였다.

2013년 타율 0.291, 22홈런이었던 기록이 1년 만에 타율 0.356, 40홈런으로 치솟았다. 비밀은 경기 수 조절에 있었다. 슬럼프 기간을 예방하듯 적절한 휴식을 주고 좋은 컨디션으로 뛸 수 있는 경기를 늘린 결과였다.

넥센은 2년 연속 포스트시즌 진출에 성공했다. 그러자 다른 팀들도 적절한 휴식과 효율적 훈련의 중요성을 인식하기 시작했다. 예전에는 스프링캠프 때 5일 혹은 6일 훈련하고 하루 쉬는 식이었지만, 우리 팀은 3일 후 휴식을 취하게 했다. 지금은? 모든 팀이 3일 하고 쉰다. 우리는 결과를 보여줌으로써 KBO의 트렌드를 바꾸고 있었다. 그리고 나도 이제부터는 좀 더 적극적으로 참견하면서 선수들을 끌고 갈 수 있겠다 싶었다.

그때 나에겐 결과가 필요했다. 선수들에게 내 방식이 효과가 있다는 것을 보여줘야 했다. 그런 후에야 제대로 내 야구를 펼칠 수 있다고 생각했다. 아직 나를 온전히 믿지 못하는 선수들을 억지로 끌고 가다가는 오히려 팀이 망가질 수 있다. 결과 없이는 신뢰도 없기 때문이다.

권한 위임도 실력이다

사실 어떤 리더든 육각형으로 완벽하기는 어렵다. 자신에게 모자란 부분을 다른 실력 있는 사람을 중용하여 권한을 위임함으로써 채우는 것이 리더에게 필요한 또 하나의 실력이다. 이때도 출발점은 자기 자신을 객관적으로 평가하는 일이다. 자신이 어디까지 할 수 있고 어디가 부족한지 솔직하게 들여다봐야 한다.

'내 최대 약점은 무엇인가? 이 약점을 어떻게 극복할 수 있을까?' 야수 출신에 감독 경험도 없던 나로서는 투수 교체 같은 영역은 공부만으로 대비할 수 없었다. 이 약점은 반드시 외부 보완이 필요한 문제였다. 곧바로 이강철 선배에게 연락했다.

"형, 저 좀 도와주세요."

당시 기아 타이거즈의 투수코치로 있던 이강철 감독은 당대 최고의 언더핸드 투수로 이름을 날린 광주 프랜차이즈 스타 출신이다. 광주일고 2년 선배였지만, 학교 다닐 때는 그렇게 친하지 않았다. 그런데 스카우터로 일하던 시절 나를 만나면 항상 먼저 다가와서 "경엽아, 자료 좀 주라. 너 투수 공부 자료 많다며" 하고 아무렇지 않게 부탁하곤 했다. 계속 배우려는 자세를 갖고 후배에게도 스스럼 없이 도움을 청하는 태도가 무척 인상적이었다. 이런 사람은 성공할 수밖에 없다고 생각했다.

이강철 감독과는 2023년 한국시리즈에서 적수로 만나게 된다.

그래서 감독이 되자마자 연락해서 넥센에 와달라고 간곡하게 부탁한 것이다. 그는 고향 팀인 기아에서 이미 지도자로서 인정받으며 마운드를 책임지고 있었기에, 쉬운 선택은 아니었다. 그런데도 그간 보아온 선배의 태도에서 그가 초짜 감독이 건넨 이 난감한 도전 과제에 기꺼이 뛰어들 거라는 확신이 들었다.

결과적으로 나는 초보 감독으로서 투수 전문가인 이강철 수석코치의 도움을 받아 꼴찌팀의 반란을 일으키며 KBO의 트렌드를 바꿨다. 2013시즌에 넥센은 창단 이래 첫 포스트시즌 진출을 달성했고, KBO MVP(박병호)와 동시에 골든글러브 수상자를 3명

3장. 성공 체험을 만들어주는 사람

이나(강정호, 박병호, 손승락) 배출했다. 2014년에는 한국시리즈에 진출하며 모두를 놀라게 했으며, 결과적으로 내가 감독으로 있던 4년 동안 연속 가을야구 진출에 성공한다. 그리고 내 곁에는 항상 이강철 수석코치가 있었다. 함께 결과를 만들어낸 것이다.

이후 이강철 수석코치는 또 하나의 신생팀 KT 위즈의 감독이 되어 팀의 첫 우승을 일구었다. 그리고 우리는 2023년 한국시리즈에서 상대편 감독으로 만나 악수를 나누게 된다.

"사람들은 먼저 리더를 믿고, 그다음에 그의 비전을 따른다."
『존 맥스웰 리더십 불변의 법칙』에서 제시하는 '수용의 법칙'이다. 리더를 신뢰하고 존경하는 사람들만이 그가 제시하는 비전에 진정으로 따르게 된다는 뜻이다. 결국 신뢰가 없는 리더의 비전은 공허한 구호로 흩어진다. 반대로 신뢰를 얻은 리더의 비전은 곧 선수들의 비전이 된다.

...

**신뢰의 토대 위에서 실력을 바탕으로 한 리더십만이
진정한 변화와 성장을 이끌어낼 수 있다.
그리고 그 실력은 끊임없는 노력과 공부,
경험으로 쌓아나가야 한다.**

성장하는 팀을
만드는 5가지

—
간절한 꼴찌들의 반란

2013시즌 넥센 히어로즈 감독을 맡았을 때, 나는 계급장도 없었다. 처음 감독을 맡은 초짜에게 무슨 계급장이 있었겠는가? 심지어 코치 경력보다 프런트 경력이 더 길었다. 하지만 그랬기 때문에 오히려 자유롭게 팀을 바꿀 수 있었다. 아무런 선입견 없이, 백지 상태에서 새롭게 시작할 수 있었다.

넥센에서의 성공은 '루저들의 성공' 이야기다. 타격왕 서건창, 홈런왕 박병호 같은 선수들이 있었지만 그들은 모두 다른 팀에서 충분한 기회를 얻지 못했던 선수들이었다. 누구보다 노력했지만 성공의 결실을 맛보지 못했고, 그런 실패 경험은 자신의 가치를 증명하고자 하는 절실함으로 이어졌다. 나는 그런 절실함을 가진 선수들이 성공할 수 있다는 사례를 만들고 싶었다.

인생에서 성공하는 사람들의 공통점 중 하나는 '절실함'이다. 실패를 하지 않을 수 있다면 좋겠지만, 일단 실패했다면 절실함을 가져야 한다. 그래야 다시 일어날 수 있다. 뼛속까지 느끼는 간절함이 뼈를 깎는 노력으로 이어져야 변화가 가능하다. 넥센의 선수들에게는 그런 간절함이 있었고, 감독인 내가 할 일은 그 에너지를 올바른 방향으로 이끄는 것이었다.

넥센은 창단 후 5년 동안 한 번도 포스트시즌에 진출하지 못하고 하위권을 맴돌고 있었다. 나의 계획은 롯데 자이언츠 감독이었던 제리 로이스터의 '노 피어(No Fear)' 야구와 김성근 감독의 전략적인 야구의 장점을 합쳐 넥센만의 야구를 만드는 것이었다. 로이스터식 동기부여는 긴 시즌 동안 팀을 하나로 뭉치게 만들 수 있다. 하지만 우승을 위해서는 김성근 감독식의 데이터 중심 전략이 필요하다. 그렇게 커다란 그림을 먼저 그려놓고 세세한 부분들을 채워나갔다.

넥센만의 색깔을 만들고 강한 팀으로 성장시키기 위해 내가 세운 원칙은 크게 다섯 가지였다.

첫째, 긍정적인 동기부여

실패를 경험한 사람들에게는 동기부여 이전에 먼저 '긍정적인 생각'을 심어주어야 한다. 그래서 나는 처음 선수단을 만난 자리에서 말했다. "우리도 충분히 성공할 수 있다." 이것이 첫 번째다. 그런 다음 선수들의 절실함을 활용하고 극대화할 수 있는 동기부여가 따라와야 한다.

심리학자들은 사람의 성공 여부를 결정하는 것은 실력이나 환경보다 '마인드셋'이라고 말한다. 고정 마인드셋(fixed mindset)을 가진 사람은 실패를 자신의 한계로 받아들이지만, 성장 마인드셋(growth mindset)을 가진 사람은 실패를 배움의 기회로 여긴다. 나는 선수들에게 이런 성장 마인드셋을 심어주려고 노력했다.

물론 "긍정적으로 생각하라"는 말을 듣고 선수들이 갑자기 긍정적으로 변하진 않는다. 바로 이 지점에서 리더의 역할이 중요하다. 리더가 솔선수범하며 직접 그런 모습을 보여줘야 한다. 누군가 실수하거나 부진에 빠져도, 팀이 아쉬운 연패를 당해도 나는 항상 박수를 치며 선수들에게 말했다.

"우리는 할 수 있어, 괜찮아."

리더가 보여주는 말과 행동은 팀 전체의 분위기를 좌우한다. 만약 리더가 어려운 상황에서 불안해하거나 부정적인 모습을 보인다면, 팀원들도 영향을 받는다. 반대로 리더가 자신감 있고 긍정적인 태도를 유지한다면, 그 에너지는 팀 전체에 퍼진다.

둘째, 효율적인 노력

노력은 양보다 질이다. 단순히 많이 노력한다고 좋은 게 아니라 정확하게 노력하는 것이 중요하다. 하지만 막상 선수들에게 이것을 이해시키기는 쉽지 않다. 그래서 나는 그동안 선수들이 맹목적으로 천 번 씩 훈련하던 것을 백 번으로 줄이되, 그 백 번으로도 천 번의 효과를 볼 수 있는 방법을 계속해서 제시했다.

야구만이 아니다. 삶의 모든 영역에서 일하는 시간보다 일하는 방식이 더 중요하다. 10시간 동안 집중력 없이 일하는 것보다 2시간 완전히 몰입해서 일하는 것이 더 효율적이다. 당장 훈련 시간을 줄이니 불안해하는 선수들도 있었다. 나는 그런 선수들에게 강조했다.

"한여름에 왜 운동을 해야 해? 쉬어. 머리로도 충분히 운동이 돼. 이미지 트레이닝이 있잖아. 생각으로도 운동을 할 수 있어. 내가 느끼는 게 중요해."

지도자 역시 선수마다 최적의 훈련 방법이 다르다는 사실을 분명히 인식해야 한다. 각자의 특성과 장점을 살릴 수 있는 맞춤형 접근법을 찾아내야 한다. 그래야 선수들의 잠재력을 최대한으로 끌어낼 수 있다.

핵심은 '왜'에 있다. 많은 지도자가 '무엇을' 해야 하는지만 강조하는 경향이 있다. 이 동작을 해라, 이 기술을 익혀라 같은 지시를 주로 내린다. 하지만 나는 왜 이 훈련이 필요하고 왜 이 기술이 중

요한지를 명확히 설명하는 데 중점을 둔다. 선수들이 훈련의 정확한 목적을 이해했을 때 비로소 성과가 나타난다고 믿기 때문이다.

이런 접근법은 단순한 지식 전달을 넘어 선수들의 자발성을 촉진한다. 누가 시키니까 하는 것과 스스로 중요성을 느껴 하는 것은 천지차이다. 전자는 외적 동기부여에 불과하지만, 후자는 내적 동기부여가 된다. 내적 동기가 있는 선수는 감독이나 코치가 옆에 없어도 알아서 훈련한다.

셋째, 개인의 성장이 팀의 성장으로

흔히 개인의 성적보다는 팀의 성적이 중요하다고 말한다. 하지만 팀을 위해 개인의 성적을 희생하라고 강요하는 것은 결과적으로 선수와 팀의 미래에 해가 된다. 개개인이 성장하고 발전하게 되면 그 모멘텀이 결국은 팀 성적으로 이어지게 된다고 나는 믿었다. 그래서 선수들이 모두 매년 자기 성적을 갱신하도록 만들려고 엄청 노력했다.

그 결과 내가 있던 4년 동안 주전의 7할 이상이 매년 자신의 최고 기록을 경신하면서 성장했다. 박병호, 강정호, 유한준 같은 선수들은 물론이고 평범했던 선수들까지 커리어 하이를 기록하며 개인적인 발전과 동시에 팀의 성장을 이뤄냈다. 그리고 나는 리더로서 그들의 신뢰를 얻게 됐다. 내가 그들을 믿었기에, 그들도 나를 믿게 된 것이다.

성적도 성적이지만, 선수들이 상을 받을 수 있도록 신경을 많이 썼다. 시상식에서 받은 여러 상들은 선수의 커리어와 직결된다. 가령, 김하성은 처음부터 신인왕 경쟁을 염두에 뒀다. 1군 총 타석 수가 60타석을 넘지 않을 경우 신인왕 자격을 갖출 수 있다. 그래서 2015시즌 김하성의 타석 수를 59타석에서 끊었다. 유독 상복 없던 김하성은 결국 신인왕을 구자욱에게 내줬지만, 다음 해에 더 발전된 모습을 보였다. 선수 스스로 열심히 뛰는 것은 기본이지만, 손에 잡히는 목표를 바라보고 뛸 수 있도록 도와주면 훨씬 효과적이다.

넥센이 비록 우승은 하지 못했지만 매년 가을야구에 나가며 여러 개인상을 싹쓸이했다. 골든글러브나 KBO 시상식을 하면 마치 넥센 잔치 같았다. 우리 모두가 함께 만든 잔치였다.

넷째, 자기만의 루틴 만들기

루틴이란 결국 습관의 체계적인 집합이다. 야구 선수에게 있어 루틴은 최적의 컨디션을 유지하고, 일관된 퍼포먼스를 내기 위한 필수 요소다. 몸과 마음, 그리고 시간을 야구에 최적화하는 과정인 것이다.

경기 전날 준비부터 경기 당일의 식사, 몸풀기, 경기 후 회복까지, 나는 선수들에게 모든 과정에서 자신에게 가장 효과적인 방법을 찾아 그것을 루틴화하라고 요구했다. 긴 시즌을 치르다 보면 정신적으로나 육체적으로 슬럼프가 찾아오기 마련이다. 그때 선수들이 의지할 수 있는 것은 일관된 루틴이기 때문이다.

　루틴의 힘은 대단하다. 일상적인 반복이 뇌의 패턴을 바꾸고, 점차 우리의 행동과 사고방식을 변화시킨다. 최고의 운동선수들, 최고의 작가들, 최고의 기업가들… 이들 모두는 자신만의 루틴을 가지고 있다. 그 루틴이 그들의 성공을 지속 가능하게 만든다. 그러니 좋은 루틴을 하루라도 빨리 만드는 것이, 그 혜택을 조금이라도 길게 누리는 길이다.

　특히 메모하는 습관을 강조했다. 좋았을 때와 나빴을 때의 자신을 기록하고 정리하다 보면, 나쁜 습관은 버리고 좋은 습관은 유지하는 데 큰 도움이 된다. 그날그날의 경험과 깨달음을 잊지 않고 자기 것으로 만드는 데도 효과적이다.

다섯째, 권한 위임을 통한 전문성 강화

모든 것을 스스로 통제하려는 리더는 결국 팀의 성장을 제한한다. 각 분야의 전문가들이 자신의 능력을 최대한 발휘할 수 있는 환경을 만들어주는 것이 리더의 중요한 역할이다.

　나는 당시 이지풍 1군 트레이닝 코치에게 팀의 웨이트 트레이닝을 전적으로 맡기고 모든 권한을 주었다. 선수들에게 그 중요성을 강조했지만, 나는 전문가가 아니었기 때문이다.

　"지풍아, 네가 하고 싶은 거 다 해. 내가 다 들어줄게."

이지풍 코치에게 전권을 맡긴 건 탁월한 선택이었다. 웨이트 트레이닝을 통해 타자들의 비거리가 늘어나며 넥센은 '홈런팀'이 되었다. 이지풍 코치 또한 비선수 출신으로서 전문성을 인정받으며 현재는 한화 이글스의 수석 트레이닝 코치로 일하고 있다. 중간 리더에게 권한을 위임함으로써 선수들은 물론이고 코치도 함께 성장할 수 있었던 것이다.

많은 리더가 권한 위임을 두려워한다. 자신의 입지가 약해질까 봐, 혹은 실패했을 때 책임을 져야 할까 봐 걱정한다. 하지만 존 맥스웰이 말했듯 "자존감 있는 리더만이 권한을 위임한다." 진정한 리더는 자신의 에고를 내려놓고 팀원들이 성장할 수 있는 기회를 제공한다. 이것이 결국 팀 전체의 성장으로 이어진다.

물론 이 모든 것들이 항상 계획대로 된 것은 아니었다. 리더가 생각한 게 100이라면 성공한 리더는 그중 7할을 한다. 100을 다 하는 건 신만이 가능하다. 아니, 사실 8할만 돼도 신이라고 나는 생각한다. 조직 구성원들의 생각을 바꾸고 내가 가고자 하는 방향으로 움직일 수 있는 비율이 7할만 되면 무조건 대성공이라고 해야 한다.

어떤 조직이든 내가 아무리 노력해도 3할의 반대는 생기게 마련이다. 이것은 모든 리더가 받아들여야 할 현실이다. 현명한 리더는 어느 정도 이견과 반대가 있다는 것을 인정하고, 그럼에도 불구하고 가고자 했던 방향으로 조직을 이끌 수 있어야 한다.

성공적인 조직은 하룻밤 사이에 만들어지지 않는다. 그것은 리더의 분명한 비전, 구성원들의 성장을 위한 끊임없는 노력, 서로 간의 신뢰, 그리고 모두가 공유하는 목표를 향한 헌신이 모여 시간을 두고 조금씩 형성되는 것이다.

...

뼛속까지 느끼는 간절함이
뼈를 깎는 노력으로 이어져야 변화가 가능하다.
넥센의 선수들에게는 그런 간절함이 있었고,
내가 할 일은 그 에너지를 올바른 방향으로
이끄는 것이었다.

매뉴얼은
약속이다

나의 야구를 이야기하자면 매뉴얼을 빼놓을 수 없다. LG 감독에 부임해서도 매뉴얼 책자를 만들어 배포했다. 158쪽에 달하는데, 운영 철학부터 1·2군 훈련 방향, 투수, 타격, 주루, 작전 등 파트별 훈련 방법, 선수 루틴, 팀 플레이까지 빼곡하게 정리되어 있다.

모든 코칭스태프는 이 내용을 숙지하고 체화해야 한다. 좋은 조직은 구성원들이 리더의 철학을 공유한다. 그래야 방향을 잃지 않고 하나가 되어 앞으로 나아갈 수 있다.

매뉴얼의 시작은 현대 유니콘스 프런트에서 일할 때였다. 매니저로 시작해서 나중에는 다섯 개 팀장직을 혼자 맡아 일하는 통에 눈코 뜰 새 없이 바빴다. 구단 업무부터 선수 계약, 육성 계획은 물론이고 숙소 관리까지 내 손을 거치지 않으면 돌아가지 않게 돼버렸다. 처음엔 나 하나 바빠서 팀이 잘되면 족하다고 생각했다. 하지만 시간이 흐르며 언제까지고 한 개인의 능력에 의존해서는 조직이 안정적으로 성장할 수 없다는 것을 깨달았다.

그래서 파트별로, 월별로 매뉴얼을 만들기 시작했다. 단순히 내가 일을 놓치지 않기 위해서가 아니라, 팀원 모두가 같은 과정을 거쳐 일정한 결과물을 만들 수 있도록 하기 위함이었다. 퇴근 시간이 다가오면 직원들을 보내고 혼자 밤을 새워가며 매뉴얼을 정리했다.

매뉴얼은 단순한 업무 지침서가 아니다. 그것은 경험과 지식의 체계화된 결정체다. 한 사람의 경험과 지식에는 한계가 있기에 간접 경험이 중요하다. 업무 프로세스뿐만 아니라 의사소통 방식, 조직 관리 철학까지 다양한 경험에서 배운 교훈들을 모두 담았다.

야구 매뉴얼은 스카우터 시절 메이저리그 자료를 구하는 대로 번역하고 정리하고 요약해 책자처럼 만든 게 시작이었다. 미국식 매뉴얼을 국내 야구에 맞춰 변용하면서 나만의 매뉴얼을 만들어 나갔다. 여러 지도자의 장단점, 선수들 특성, 다양한 상황에서의 대처법 등 그동안 기록해왔던 방대한 메모도 녹여냈다. 단장이라는 목표가 있었기에 포괄적으로 공부했던 것이 결국 감독을 할 때 크게 도움을 주었다.

많은 사람이 매뉴얼을 창의성의 적으로 여긴다. 규칙과 절차를 강조하는 매뉴얼이 자유로운 사고와 혁신을 방해한다는 것이다. 그러나 내 경험으로는 정반대다. 제대로 만들어진 매뉴얼은 오히려 창의성의 토대가 된다. 기본기가 탄탄한 선수가 더 다양한 플레이를 할 수 있는 것처럼, 혁신은 제대로 된 매뉴얼 위에서 가능하다. 악보를 완벽히 익힌 재즈 연주자만이 자유로운 즉흥 연주를 할 수 있는 법이다.

창의란 무에서 유를 창조하는 게 아니다. 유에서 또 다른 유를 끌어내는 것이다. 진정한 창의는 다양한 경험과 지식을 재조합하는 과정에서 나온다. 나는 다른 감독들의 리더십과 전략을 연구하면서 '염경엽식' 매뉴얼을 만들어나갔다.

―

팀의 원칙과 문화 공유

내 매뉴얼의 핵심은 원칙과 기본기다. 원칙을 모르는 사람은 없지만 지키는 것은 다른 문제다. 많은 사람이 위기 상황이 오면 원칙에서 벗어난 선택을 한다. 물론 원칙만 지킨다고 능사는 아니다. 하지만 변칙이 통하기 위해서는 먼저 원칙이 서야 한다.

리더가 되면 모든 결정에 책임을 져야 한다. 좋은 결과가 나오면 팀원들에게 공을 돌리고, 나쁜 결과가 나오면 자신의 책임을 인정해야 한다. 또한 모든 구성원을 공평하게 대해야 한다. 모두 '똑같이' 대우하는 것과는 다르다. 각자의 성향과 능력에 맞게 다르게 대하되, 그 기준은 공정하고 일관되어야 한다. 오늘 칭찬했다가 내일 질책하는 기준 없는 리더십은 신뢰를 잃게 만든다. 체계적인 매뉴얼이 있으면 모든 판단과 결정에 일관된 기준을 적용할 수 있다.

한 가지 더 중요한 점은 매뉴얼이 팀의 문화를 형성한다는 것이다. 문화란 '우리가 여기서 일하는 방식'이라고 할 수 있다. 매뉴얼은 단순히 업무 프로세스가 아니라 조직의 가치관과 철학을 담고 있다. '우리는 이런 것을 중요하게 생각한다', '우리는 이런 방식으로 문제를 해결한다'와 같은 메시지를 전달한다. 시간이 지나면서 이러한 가치관과 철학이 팀의 DNA가 되고, 팀의 정체성을 형성한다.

넥센이 2016년 정규시즌 3위 자리를 거의 확정한 상태에서 2위 NC와의 게임차가 2경기밖에 나지 않았던 어느 날, 경기를 앞두고 나는 필승조를 포함한 구원투수 5명에게 휴식을 주겠다고 선언했다. 8회에 3점 차로 이기고 있는 상황에서 만루 위기를 맞았다. 역전당할 수 있는 상황이었지만 필승조 대신 추격조를 내보냈다. 8회를 겨우 틀어막고 9회에 1점을 따라잡히는 상황에서도 나는 투수를 교체하지 않았다. 다행히 추가 실점을 막고 2점 차로 신승을 거뒀다.

프런트 시절부터 만들어온 여러 권의 매뉴얼들

    넥센 불펜 투수는 주 4회 출장에 4이닝 던지는 것이 원칙이었다. 투구수가 25개가 넘으면 다음 날은 1이닝만 던지게 한다. 15개 이내면 다음 날 타자 4명을 상대하게 한다. 연투하는 날은 특별한 상황이 아닌 이상 2이닝을 넘지 않도록 했다. 선수들도 모두 알고 있는 내용이었고, 이 기준에 따라 휴식을 준 것이었다. 물론 팬들은 역전을 기대하며 한 경기 한 경기에 모든 걸 쏟아붓기를 바랐다. 하지만 나는 확고하게 불펜 매뉴얼대로 움직였다. 매뉴얼은 일종의 계획과 같다. 이유 없이 바꿔서는 안 된다.

    물론 야구에는 정답이 없다. 매뉴얼에 모든 상황을 다 담을 수도 없다. 예상치 못한 문제가 발생하면 융통성 있게 대처해야 한다. 그래서 내 매뉴얼은 구체적인 행동 지침보다 원칙과 철학에

3장. 성공 체험을 만들어주는 사람

더 무게를 둔다. 기본 원칙만 제대로 이해하면 어떤 상황에서든 올바른 판단을 내릴 수 있기 때문이다.

내가 만든 매뉴얼이 완벽하다고 생각하지 않는다. 야구는 계속 변화하고, 선수들도 끊임없이 진화한다. 어제의 정답이 오늘의 정답이 아닐 수 있다. 하지만 변하지 않는 것도 있다. 근본적인 원칙과 철학은 시대가 바뀌어도 그 가치를 잃지 않는다. 내 매뉴얼의 목표는 바로 그런 불변의 이치를 담아내는 것이다.

―

공부는 계속되어야 한다

리더는 끝도 없이 공부해야 한다. 누구보다 많이 공부해야 한다. 그래야 트렌드를 따라갈 수 있고, 팀과 선수들에게 방향을 제시할 수 있다. 지금 시대의 야구는 내가 선수로 뛰던 시절과는 많이 달라졌다. 다양한 자료들을 쉽게 찾아볼 수 있고, 유튜브 같은 플랫폼이 생겨서 글이 아닌 영상을 보고 참고할 수 있게 됐다. 그만큼 더 많은 공부가 필요해졌다.

특히 메이저리그가 세계 야구의 중심인 만큼, 그들의 영상을 챙겨봐야 한다. 선수들이 보고 영향을 많이 받기 때문이다. 그래서 내가 먼저 메이저리그 트렌드를 분석하고 핵심만 짚어 선수들에게 제공하기도 한다. 최근엔 아예 동영상 자료를 직접 편집하고 자막까지 넣어서 선수들이 이해하기 쉽게 만들어서 준다.

메이저리그의 트렌드라고 무조건 좋은 건 아니다. 리그가 다르고 선수가 다르다. 그렇기 때문에 선수들이 잘못된 영향을 받고 있다면 빠르게 파악해서 "너 누구 영상 봤지? 그런데 너는 이 방향이 아니야", "트렌드는 이렇게 가고 있지만 그건 네 야구 스타일하고는 안 맞아. 자칫 장점만 잃을 수도 있어"라고 설득할 수 있어야 한다.

모든 선수에게 똑같은 방식을 적용할 수도 없다. 박해민이 해야 할 일과 김현수가 해야 할 일, 그리고 박동원이 해야 할 일이 모두 다르기 때문이다. 각 선수에게 맞는 지도법을 찾기 위해 끊임없이 연구하고 관찰한다.

한편으로는 모든 선수의 움직임을 눈으로 확인하고 기억한다. 김현수의 폼, 오지환의 타격 메카닉과 기술 같은 것들을 모두 머릿속에 담아둔다. 요즘은 좋았을 때와 나빴을 때의 영상이 모두 남아 있어 비교가 가능하지만, 매번 영상을 찾아보기에는 시간이 턱없이 부족하다. 눈으로 기억해야만 선수가 훈련할 때 미세한 차이를 보고 조언할 수 있다.

내가 보는 관점과 다른 구성원의 관점이 다를 수 있다는 점을 인정하는 것도 중요하다. 다른 관점이 더 좋다면 그것을 받아들여야 한다. 하지만 이때도 내가 충분히 알고 있어야 그것이 좋은지 나쁜지 구분할 수 있다.

나는 나보다 실력이 뛰어난 사람이 있으면 오히려 그 사람을 더 자주 만나서 배우려고 노력했다. 리더십 강의도 꾸준히 들었다. 많은 강의를 접하다 보니 자연스럽게 선별하는 안목까지 생겼다. '이 강의는 듣기엔 좋은데 야구에 응용이 안 되겠구나', '이 강의는 전혀 다른 이야기지만 야구에 접목할 수 있겠는데' 같은 식으로 판단하게 됐다.

타격 코칭 자료가 부족하던 시절에는 다른 분야에서도 배움을 찾았다. 그중 하나가 골프 레슨을 야구에 접목하는 것이었다. 10년 동안 거의 700~800명 정도의 골프 레슨을 연구했다. 골프와 야구는 멈춰 있는 볼을 치느냐, 날아오는 볼을 치느냐의 차이만 있을 뿐, 스윙 원리는 거의 100퍼센트 동일하다. 골프에는 자료가 훨씬 많아서 야구에 응용할 수 있는 부분을 추출해 활용했다.

지금의 매뉴얼은 20년 넘는 시간 동안 분석하고 공부한 결과물이다. 나에게 매뉴얼은 단순한 지침서가 아니다. 성장과 발전의 증거이자 미래를 위한 나침반이다. 매뉴얼을 만들고 업데이트하는 과정 자체가 나를 성장시켰다.

...

야구는 계속 변화하고, 선수들도 끊임없이 진화한다.
어제의 정답이 오늘의 정답이 아닐 수 있다.
하지만 변하지 않는 것도 있다. 근본적인 원칙과 철학은
시대가 바뀌어도 그 가치를 잃지 않는다.

경쟁시키지 않는다

패배자를 만들지 말 것

많은 리더가 팀원들 사이의 경쟁을 부추긴다. 성과를 높이기 위해서라고 말한다. 내부 경쟁을 통해 개개인의 역량이 발전하고, 조직의 전체적인 레벨이 올라간다고 믿는다. 하지만 나는 그렇게 생각하지 않는다.

"불필요한 경쟁은 낭비다."

이것이 내 철학이다. 내부 경쟁이 아니라 외부와의 싸움에 에너지를 집중해야 한다. 경쟁보다 준비에 더 무게를 둬야 한다.

야구는 매일이 싸움이고 경쟁이다. 바깥으로 향해야 할 투쟁심을 뭐하러 내부로 돌리나. 자기 팀 선수들끼리 경쟁시키는 것은 전투를 앞둔 전사들을 서로 싸우게 만드는 것과 같다. 야구판에서는 '그는 주전이고, 너는 후보다. 경쟁해서 주전 자리를 차지해라' 식의 접근법이 흔하다. 그렇게 하면 승자와 패자가 갈린다. 한 사람이 빠진 자리를 한 사람이 채우는 것일 뿐, 결국 팀의 전체 역량은 그대로다. 아니, 오히려 나빠질 수 있다. 패자는 자신감을 잃고, 팀에 대한 소속감도 떨어질 수 있기 때문이다.

나는 선수들에게 1년을 보장해준다. 웬만해서는 시즌 중에 주전과 비주전을 바꾸지 않는다. 라인업을 개막 직전까지 비밀에 부치고 경쟁을 유도하는 팀도 있지만, 나는 스프링캠프에서부터 선수들에게 각자의 역할을 통보해준다. 주전은 주전답게, 백업은 백업답게 시즌을 준비해달라는 뜻이다. 경쟁보다 준비가 더 중요하기 때문이다. 물론 자기 역할을 제대로 해내지 못했을 때는 다른 선수에게 기회가 갈 수 있다는 것도 분명히 알려준다. 이건 모든 선수가 받아들일 수 있는 공정한 규칙이다.

경쟁이 아예 없다는 말이 아니다. 경쟁은 프로야구의 생리다. 선수들은 자신의 자리를 지키기 위해, 또는 더 나은 기회를 얻기 위해, 더 좋은 성적을 내기 위해 스스로 노력한다. 자연스러운 경쟁 심리는 건강한 팀의 필수 조건이다. 단지 리더가 인위적으로 선수들을 경쟁 구도에 몰아넣지 않겠다는 것이다.

내가 추구하는 것은 모든 선수가 함께 성장하는 팀이다. 한 선수가 내려가고 다른 선수가 올라오는 것이 아니라, 모든 선수가 함께 '레벨업' 하는 것이다. 그래야 팀의 뎁스가 깊어지고 단단해진다. 굳이 불필요하게 패배자를 만들 필요가 없다.

―

정확한 역할을 주면 성과는 따라온다

"리더의 가장 중요한 일은 적재적소에 적임자를 배치하는 것이다. 올바른 사람을 올바른 자리에 두면 성과는 저절로 따라온다." GE의 CEO였던 잭 웰치가 한 말이다.

경쟁은 선수가 성장하는 주된 동력이 될 수 없다. 그렇게 이루어낸 성장은 오래 지속되기 어렵다. 실제로 강한 팀을 만드는 힘은 내부 경쟁이 아니라 정확한 역할 부여에 있다.

앞서 말했듯, 나는 스프링캠프에서부터 확실하게 1년간의 보직을 정해주면서 새 시즌을 준비한다. 28명의 엔트리가 있다면 각자 주전인지, 백업인지, 대주자인지, 대타인지, 대수비인지 명확하게 규정한다. 선수들의 역할을 정확하고 디테일하게 정해주고 면담을 통해 이해시킨다. 그리고 선수들은 각자 맡은 역할을 100퍼센트 수행할 수 있도록 훈련하고 연습한다.

10명이 있다면 10명 모두에게 적확한 역할을 주는 것이 리더의 책임이다. 그 사람이 잘하고 좋아하는 분야에서 역할을 주고, 그 안에서 성장할 수 있도록 도와야 한다. 오히려 관건은 리더가 각 구성원이 어떤 역량을 갖고 있고, 어떤 커리어를 추구하는지 제대로 파악해서 정확한 역할을 부여할 수 있느냐다. 이것이야말로 리더의 능력이다.

신민재는 단지 '빠른 발을 가진 대주자'로만 여겨졌다. 타격이나 수비 능력을 두고 다른 선수들과 경쟁할 기회조차 주어지지 않았다. 그저 경기 후반 주자로 대신 들어가 도루를 하는 선수였을 뿐이다. 하지만 내 눈에는 그가 서건창처럼 될 수 있는 잠재력이 보였다. 몸집은 작았지만 방망이가 매서웠고, 수비 기술은 조금 부족해도 공을 끝까지 놓치지 않으려는 집념이 있었다. 나는 비어 있는 2루를 그에게 맡기기로 했다.

나는 "너와 다른 선수가 경쟁해서 더 잘하는 사람이 주전이 될 거야"라고 하지 않았다. 대신 "넌 2루수를 맡을 거고, 충분한 시간과 기회를 줄 테니 네 재능을 마음껏 펼쳐봐"라고 했다. 경쟁 대신 역할과 기회를 부여했다.

신민재는 그 기회를 놓치지 않았다. 그는 누구보다 절실했고, 자신의 위치에서 최선을 다했다. 그 결과 대주자에서 주전으로 변신에 성공했다. 경쟁에서 돋보이려 오버하거나 이기기 위해 조급해하는 대신, 자신의 역할에 집중하며 LG 트윈스의 29년 만의 우승에 마지막 퍼즐 조각이 되었다.

내부 경쟁을 없애는 것이 모든 문제를 해결해주는 것은 아니다. 그렇게 해서 일부 선수들이 자기 발전을 게을리한다면 그것 역시 문제가 된다. 하지만 내 경험상 선수들은 자리가 보장될 때 오히려 더 안정감을 느끼고 자신의 역량을 발휘하는 경우가 많았다. 불안하게 경쟁에 시달리는 것보다, 자신의 역할에 집중할 때 더 좋은 성과를 낼 수 있었다.

—

내부 경쟁보다 동반 성장

물론 모든 선수에게 같은 방식이 통하지는 않는다. 어떤 선수들은 경쟁 상황에서 더 큰 동기를 얻기도 한다. 리더는 이런 개인차를 이해하고 각 선수에게 맞는 접근법을 찾아야 한다. 그렇지만 전체적인 팀 문화로는 내부 경쟁보다 '협력과 성장'에 초점을 맞추는 것이 더 효과적이라고 믿는다.

이런 걸 불편해하는 사람들도 있다. 주전들은 자신의 자리에 안주할 것이고, 그렇지 않은 선수들은 의욕을 잃을 거라고도 한다. 내가 보기에 그런 말들은 선수들을 무시하는 소리다. 시즌은 길다. 그리고 한 시즌만으로 야구가 끝나는 것도 아니다.

서로 견제하고 경쟁하는 개인들의 집합이 아니라, 공동의 목표를 향해 함께 나아가는 하나의 유기체. 내가 추구하는 것은 바로 그런 팀이다. 이런 철학으로 팀을 이끌다 보면, 구성원들은 서로를 경쟁자가 아닌 동료로 인식하게 된다. 그들은 서로의 성공을 기뻐하고, 어려움에 처한 동료를 돕는다. 이것이 바로 강한 팀 케미스트리를 만들어내는 비결이다.

결국 우리가 추구해야 할 것은 성장이고 승리이다. 구성원 모두가 각자 또 함께 성장할 때, 우리는 진정으로 강한 팀이 될 수 있다. 그리고 그러한 팀은 단순한 선수들의 총합을 넘어, 하나의 생명체처럼 호흡하며 진정한 챔피언의 모습을 갖추게 된다.

...
**선수들은 자신의 자리가 보장될 때 오히려
더 안정감을 느끼고 제 역량을 발휘하는 경우가 많았다.
불안하게 경쟁에 시달리는 것보다, 자신의 역할에
집중할 때 더 좋은 성과를 낼 수 있다.**

어떻게
전달할 것인가

프런트에 처음 들어갔을 무렵, 내 윗분 중에 엄청나게 일을 잘하는 분이 있었다. 매일 퇴근 전에 보고서를 제출하게 했는데, 내가 보고서를 가져가면 항상 이렇게 말씀하셨다.

"보고받는 사람의 수준에 맞춰라."

내가 아무리 공부가 잘 돼 있고 전문 지식이 많다고 해도, 내 수준에 맞춰 보고하면 윗사람이 읽었을 때 이건 뭐고 저건 뭐야 하며 질문이 쏟아진다. 그러면 그 보고는 실패다.

괜히 어려운 용어와 복잡한 구조로 보고서를 작성해서 내가 얼마나 잘 알고 있고 애썼는지를 드러내려 하다가는 핵심은 전달하지도 못하고 설득은 물 건너 간다. 멋진 포장이 아니라, 상대방이 얼마나 이해하고 동의할 수 있는지가 중요하다.

  이때의 경험으로 '전달력'이 조직 생활에서 결정적인 요소라는 걸 깨달았다. 감독이 아무리 큰 그림을 그린다 해도, 그것을 제대로 이해시키지 못하면 현실화할 수 없다. 결국 좋은 결과를 내기 위한 첫 번째 조건은 리더가 생각하고 계획한 것들을 구성원들이 정확히 이해하고 받아들여 실행하는 것이다.

  내가 코치나 감독의 소통 방식에 무척 신경 쓰는 이유이다. 모든 선수가 같은 방식으로 정보를 받아들이는 것은 아니다. 어떤 선수는 직설적인 표현을 선호하고, 어떤 선수는 부드러운 충고를 더 잘 받아들인다. 내가 전달하고자 하는 메시지가 중요하다면, 그것을 어떻게 전달할지도 심사숙고해야 한다.

소통의 기술

기술을 가르칠 때는 특히 선수의 레벨을 항상 생각해야 한다. 수준에 맞게 지금 할 수 있는 것을 해야 한다. 막연한 육성은 없다. 디테일이 필요하다.

  이것이 바로 많은 스타 출신이 코치로 실패하는 이유다. "이게 안 돼?"라고 말하기 십상이다. 자신이 선수로서 할 수 있었던 것을 다른 선수들도 당연히 할 수 있을 거라고 생각하기 때문이다.

하지만 코칭에 '당연히'는 없다. 선수들에게 설명할 때는 세부적으로 풀어서 차근차근 이해시켜야 한다.

선수들은 플레이에 집중해야 하고, 경기를 뛰어야 하기 때문에 심리적으로 훨씬 예민하다. 그래서 선수들에게 부정적인 말을 되도록 하지 않으려고 한다. 특히 경기 중 결정적인 실수를 했을 때는 더욱 조심한다.

오히려 일부러 코치들을 강하게 질책할 때가 있다. 선수들 보라고 그러는 것이다. 선수는 자기 때문에 혼이 난 코치에게 미안한 마음에 더 열심히 하게 된다. 그러면 코치는 선수에게 "괜찮아, 나도 그러면서 컸어. 하지만 이건 꼭 고쳐야 해"라며 잘못된 부분을 교정해준다. 선수의 성장은 코치들의 노력과 헌신 없이는 불가능하다. 코치는 선수의 마음을 얻어야 자신의 노력을 보상받는다. 이렇듯 둘 사이의 관계성을 적절히 활용하는 것이다.

나는 선수들과 되도록 솔직하게 소통하는 편이다. 단, 타이밍이 정말 중요하다. 같은 말이라도 언제 하느냐에 따라 받아들이는 게 천지차이다. 선수가 납득을 할 수 있을 때 말해야 한다. 본인이 느끼지 못하는데 말해봐야 그게 아무리 필요한 이야기라도 절대 안 들린다. 그래서 뭔가 문제를 감지해도 당장은 말을 삼킨다. 정말 수없이 참을 인을 그리며 지켜보다가 무너지기 시작하는 순간 적시에 조언을 준다. 위기감과 불안감이 올라올 때 정확한 방향을 가리켜주면 선수는 그제야 비로소 이해하고 흡수한다.

그러자면 사실 지도자는 경계를 늦출 수가 없다. 항시 선수 각자의 특성과 패턴을 완벽히 파악해둬야 한다. 그래서 나는 경기가 끝나도 쉴 수 없다. 저녁마다 선수들의 영상을 분석하며 좋았을 때와 나빴을 때의 패턴을 찾아낸다. 마치 내비게이션처럼, 경부고속도로로 직행해야 할 선수가 대전으로 빠져나가려 할 때 바로잡아 주는 것이 내 역할이다.

2016시즌 혜성처럼 등장해 넥센의 토종 선발로 활약한 신재영은 시즌 중반까지 직구와 슬라이더, 두 개 구종만으로 승부를 했다. 그걸로도 전반기에만 10승을 챙겼다. 그런데 후반기에 들어서자 맞는 빈도가 늘었다. 피칭 패턴이 노출되어 익숙해졌기 때문이다. 사실 예견된 문제였다. 하지만 나는 전반기에는 아무 말도 하지 않았다. 후반기 들어서며 부진에 빠지자 그제서야 구종을 추가하자고 조언했다.

"지금까지 잘했어. 후반기는 그냥 보너스로 생각해. 내년을 준비한다 생각하고 새 구종을 던져봐. 완벽하게 제구가 안 되도 괜찮아. 신재영이 이런 공도 던진다는 걸 알려주는 걸로 충분해. 가끔 한 번씩 체인지업을 던지기만 해도 타자들 머릿속엔 직구, 슬라이더에 체인지업도 추가되는 거야. 그럼 뭐야? 50퍼센트 확률이 33퍼센트 확률로 떨어지는 거야."

이후 신재영은 체인지업을 장착하기 시작했고, 그렇게 한 단계씩 발전하는 모습을 보여줬다. 결국 히어로즈 역대 토종 선발 최다승(15승)을 기록했고 KBO 신인상을 거머쥐었다. 만약 그 조언을 전반기에 한창 잘 던질 때 했다면 받아들였을까? 아니다. 위기의 순간을 경험하지 못하면 그냥 감독, 코치 말에 따르는 척만 하지 실제로는 바뀌지 않는다.

소통의 방법과 장소도 신중하게 고민한다. 이 이야기를 목욕탕에서 가볍게 꺼낼지, 밥을 먹으며 왁자지껄 나눌지, 아니면 내 방으로 따로 불러 진지하게 할지를 늘 구분한다. 정말 중요한 이야기들은 원정 갔을 때 방에서 1대1로, 아니면 홈에서도 감독실에서 1대1로 이야기한다. 무거운 이야기는 오히려 운동장에서 연습할 때 슬그머니 다가가 가볍게 말하기도 한다. 너무 부담주지 않으려는 의도다.

그리고 너무 자주 소통하지 않으려고 한다. 똑같은 말을 반복하면 잔소리가 되어 효과가 떨어진다. 매일 회의를 하는 조직은 오히려 불통인 경우가 많다. 물론 새로운 팀에 부임했을 때는 예외다. 초기에는 많은 대화가 필요하다. 이때의 대화는 일에 관한 것이라기보다 구성원들의 성향을 파악하기 위한 것이다. 각자가 어떤 생각을 가지고 있고, 어떤 동기로 일하는지 이해해야 한다.

일단 이 단계가 지나면 일에 관한 소통은 시스템으로 대체하려고 하는 편이다. 타격은 타격, 투구는 투구, 주루는 주루, 수비는 수비. 각 영역을 매뉴얼화해서 코칭스태프들을 통해 공유한다. 물론 각 선수는 자신만의 스타일이 있지만, 그 안에서도 따라야

할 기본 원칙이 있다. 이 원칙은 나 혼자 정하는 것이 아니다. 모두의 공감대를 바탕으로 만들어나가고, 그렇기 때문에 이 원칙은 우리 팀의 방향을 정한다. 매뉴얼도 일종의 소통의 창구인 셈이다. 굳이 말로 하지 않아도 서로 약속하는 무언의 소통이다.

선수들에게 보내는 공개 메시지

선수들과 소통하는 방법은 직접적인 대화만 있는 것이 아니다. 때로는 미디어를 활용한 간접 소통이 강력한 효과를 낸다. 리더로서 선수의 마음을 움직이고 팀워크를 단단히 만들기 위해 언론을 이용하기도 한다. 언론 인터뷰는 때로 선수들에게 보내는 공개 메시지다.

가끔 인터뷰에서 특정 선수에 대해 직설적으로 말하는 것도 사실은 모두 계산된 행동이다. 팬들이 좋아하지 않을 것이고, 나도 비난받을 것을 알면서도 그렇게 하는 이유는 선수에게 필요한 메시지를 강하게 전달하기 위해서다. 1대1로 여러 번 이야기해도 변화가 없는 선수는 언론을 이용한 충격요법도 필요하다. 지도자는 선수를 각성시키기 위해서라면 수단과 방법을 가리지 않아야 한다.

김범석은 KBO를 대표하는 차세대 거포로 성장할 거라는 기대를 받고 입단했지만, 체중 관리에 실패한 이후 어려운 시간을 보내고 있다. 나는 그에게도 자주 이야기했다.

"범석아, 너는 분명 타고난 게 있어. 하지만 내가 선수 때 했던 실수를 반복하면 너는 아주 조금 올라가서 끝나든지, 아니면 밑으로 내려가서 끝날 수도 있어."

인터뷰를 통해 김범석을 공개적으로 질책했던 것도 그의 재능을 믿기 때문이다. 그만큼 잘하길 바라기 때문이다.

"어떻게 몸을 그렇게 만들고 오나, 기회를 스스로 걷어찼다."

해당 발언은 기사 제목으로 크게 실렸다. 당장 극적인 효과가 나지는 않는다고 해도, 선수 자신이 스스로를 돌아볼 수 있는 계기가 되었으리라고 나는 믿는다. 그만큼 김범석에게 거는 기대가 크기 때문이다.

반대로 선수의 자신감을 살리는 데도 미디어는 좋은 도구가 된다. 이름을 직접 언급하며 신뢰를 표현하면 선수는 '감독이 나를 믿고 있구나'라는 확신을 얻고 쓸데없이 부정적인 생각에 사로잡히는 패턴을 끊기도 한다. 실제로 몇몇 선수는 이후 경기에서 눈에 띄게 자신감 있는 플레이를 보여주었다.

나는 미디어 발언을 통해 팀 내부의 공기와 방향성을 조율한다. 직접적으로 선수들을 다그치기보다, 언론이라는 무대를 활용해 우회적으로 메시지를 주면 오히려 더 효과적일 때가 많았다. 이는 단순한 홍보 전략이 아니라, 리더로서 상황에 따라 선택하는 소통의 기술이다.

...

감독이 아무리 큰 그림을 그린다 해도,
그것을 제대로 이해시키지 못하면 현실화할 수 없다.
결국 좋은 결과를 내기 위한 첫 번째 조건은
리더가 생각하고 계획한 것들을
구성원들이 정확히 이해하고 받아들여 실행하는 것이다.

3장. 성공 체험을 만들어주는 사람

잘 지는 것도 중요하다

 긴 시즌을 치르다 보면 위기는 반드시 찾아온다. 아무리 잘 준비해도 위기 자체를 막을 순 없다. 프로야구에서 상위권 팀들 사이의 격차는 승률 1할을 채 넘지 않는다. 결국 위기를 관리하는 능력이 우승을 만든다.

 선택과 집중이 필요하다. 내 전략 중 하나는 이길 수 있는 게임에 최대한 집중하는 것이다. 안 좋을 때는 최소한 주중 3승 3패를 목표로 플랜을 짜서 버틴다. 선발투수의 매치업에 따라 작전을 세워야 하지만, 그보다 더 중요한 것은 그날의 경기 흐름을 보며 유연하게 대응하는 것이다.

 좋은 흐름일 때는 꼭 필요한 만큼의 자원을 쏟아부어서 확실히 잡고, 좋지 않은 흐름에서는 무리하지 않는다. 내줄 경기는 내주더라도 다음 경기에 집중할 수 있도록 전력을 아끼면서 한 경기 한 경기를 풀어가야 한다. 이기는 것만큼이나 '잘 지는 것'이 중요하다.

물론 계획대로 되지 않을 때도 있다. 아웃카운트 하나를 남겨놓고 내야수가 평범한 땅볼을 놓치기도 하고, 마무리투수가 홈런을 맞아 경기를 내주기도 한다. 그럴 때는 그저 순하게 결과를 받아들인다. 때로는 져도 괜찮다는 마음가짐이 필요하다. 그래야 시즌을 지혜롭게 운영해나갈 수 있다.

복기하지 않은 실패는 반복된다

감독도 사람이기에 다 잡은 경기를 놓치거나 패배가 쌓이면 조바심이 생기기 마련이다. 경험이 그래서 중요하다. 왜 졌는지 정확하게 분석하고, 기록하고, 다음에 비슷한 상황이 오면 어떻게 대처해야 할지 준비해두면 조바심에 잡아먹히지 않는다.

감독이 패배 후 그냥 넘어간다는 것은 있을 수 없다. 결과를 받아들이는 것과는 다른 차원의 문제다. 철저하게 복기해야 한다. 왜 졌는지 생각하고, 느끼고, 반성하고, 공부해야 한다. 물론 그래도 비슷한 실수를 반복할 수 있고, 연패에 빠질 수도 있다. 야구는 그런 스포츠다. 그러나 당장은 비슷해 보여도 반복적인 노력들이 모여 커다란 차이를 만든다.

감독의 평균 수명은 3년도 안 된다. 왜 그럴까? 경험을 그냥 흘려보내기 때문이다. 패배를 복기하고 그것에서 배우려는 노력을 소홀히 했기 때문이다. 이것이 40년 넘는 KBO 역사에서 500승을 달성한 감독이 14명밖에 되지 않는 이유다.

실수와 실패는 정확하게 기억해야 한다. 정확하게 분석하고, 정확하게 반성해야 한다. 그러지 않으면 경험을 쌓았다고 할 수 없다. 마찬가지로 성공의 경험도 정확하게 기억해야 한다. 내가 야구장에서, 언제, 무엇을, 어떻게, 왜 했는지 육하원칙에 따라 정확하게 분석해야 한다. 그래서 매일 그날의 경기 전체를 다시 돌려 보며 복기하는 것이 내 주요 일과의 하나다.

복기가 감독의 일이라면, 회복은 선수의 일이다. 진 날은 오히려 선수들을 격려해주는 게 낫다. 오늘은 졌지만, 내일은 꼭 이기자고 마음을 모으는 게 더 효과적이다. 결정적인 실수를 한 선수에게는 다음 날 휴식을 주는 게 좋다. 정신적으로 회복할 시간을 주는 것이다. 사람들은 선수가 실수했는데 다음 날 라인업에서 빠지면 그것을 질책으로 해석하는 경향이 있다. 하지만 그게 아니다. 실패를 반복하는 것은 좋은 경험이 아니기 때문이다. 선수에게는 미팅을 통해 왜 휴식을 주는지 이야기해주고 충분히 격려해줘야 한다.

"괜찮아, 너는 최선을 다했어. 단지 야구의 신이 우리 편이 아니었을 뿐이야. 쉬고 나면 더 잘할 수 있어."

선수가 심리적 여유를 갖고 다시 회복할 수 있는 기회를 만들어줘야 팀이 강해진다. 물론 단순한 실수가 아니라 어딘가 잘못된 점이 있을 때는 이유를 분석하고 나아질 수 있는 방법을 함께 궁리하여 방향성을 제시해줘야 한다.

결국 경기를 하는 것도 슬럼프를 이겨내는 것도 선수 자신에게 달렸다. 개개인의 선수가 각자의 위기를 극복하는 것이 곧 팀의 위기를 극복하는 것이다.

―

실수를 비난하지 않는다

위기가 찾아왔을 때 조직의 진짜 문화가 드러난다. 실패하는 조직은 항상 책임자를 찾는다. 잘못을 저지른 사람을 찾아서 징계한다. 반면 성공하는 조직은 원인을 파악하고 해결책을 찾는다. 문책이 아니라 보완이 먼저다. 실수를 처벌하는 것보다 그 실수로부터 배우고 다음에는 더 잘할 수 있게 돕는 것이 중요하다.

누군가가 에러를 해서 경기를 내줄 때가 있다. 그럴 때 그 선수를 비난하면 팀이 무너진다. 대신 함께 책임지고, 서로 도와 위기를 극복하는 문화가 필요하다.

한번은 NC와의 경기에서 9회초 구본혁이 결정적인 수비 실책을 범하며 1대 3으로 역전당했다. 구본혁은 고개를 들지 못했고, 이닝이 끝난 후에도 한참을 멍하니 있었다. 그런데 9회말 오스틴의 솔로 홈런으로 1점을 따라간 후 박동원이 극적인 역전 끝내기 안타를 만들어냈다. 4대 3으로 승리가 확정된 순간, 구본혁은 눈물을 흘리며 박동원에 달려갔다. 마치 아이처럼 매달리는 구본혁을 박동원이 환하게 웃으며 안아주었다.

나는 이런 장면이 참 좋다. 이것이 내가 만들고 싶은 팀의 모습이다. 실수한 선수를 비난하고 책임을 묻는 것이 아니라, 함께 위기를 극복하고 서로를 응원하는 팀.

어떤 리더들은 마음에 안 든다고 사람을 너무 쉽게 바꾼다. 그러면 어떻게 신뢰가 쌓이겠는가. 어떤 사람이든 장점과 단점이 있다. 장점과 단점이 50대 50이라면, 그 사람의 단점 중 20만 보완해도 충분히 함께 갈 수 있다. 리더는 단점을 지적하는 데 그치지 않고 발전 방향을 분명히 제시해줄 수 있어야 한다. 물론 계속 노력해도 변화가 없다면 그때는 냉정하게 바꿀 수밖에 없다. 하지만 그것은 모든 가능성을 다 시도해본 후의 마지막 선택이어야 한다.

나는 선수들을 쉽게 포기하지 않는다. 슬럼프에 빠진 선수에게는 심리적 부담을 덜어주려고 이렇게 말하기도 한다. "올해는 우승을 포기해도 괜찮아. 하지만 내년을 준비해야지." 그러면 선수

들은 절대 포기하지 않는다. 오히려 감독이 믿어주니 잘해야겠다는 생각으로 더 노력한다. 감독이 든든한 안전망이 되어주니 심리적으로 안정된 상태에서 플레이할 수 있다.

실패를 반복하지 않고 한 번의 실패에서 배워 더 발전하는 것이 성공하는 조직의 특징이다. 감독, 코치, 선수들이 서로 신뢰하고 역할을 다할 때 어떤 위기도 이겨낼 수 있다. 이런 문화가 시스템으로 갖춰지면 10년, 20년 갈 수 있는 강한 조직이 만들어진다.

...

실수한 선수를 비난하고 책임을 묻는 것이 아니라,
함께 위기를 극복하고 서로를 응원하는 팀.
이것이 내가 만들고 싶은 팀의 모습이다.

4장

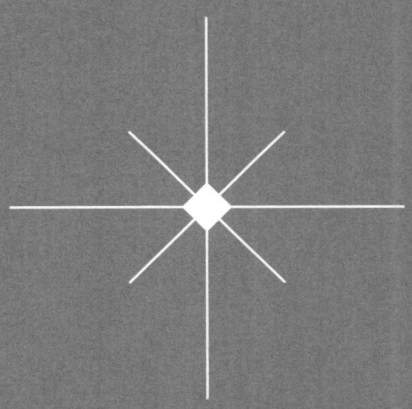

위기는 반드시 온다

비관론자는 바람을 불평하고,
낙관론자는 바람이 바뀌기를 기대하며,
리더는 돛을 조정한다.
_존 맥스웰

떠나야 할 때를
안다는 것

LG에서 프런트로 일하던 시절, 암흑기를 지나는 팀에 새로운 활력을 불어넣기 위해 나는 모든 에너지를 불태웠다. 그런데 역설적이게도 이 열정이 오해를 낳는 씨앗이 되었다.

당시 LG는 변화가 절실했다. 거액을 주고 영입했던 FA 선수들은 '먹튀'라는 오명을 남기며 팀을 떠났고, 내야진은 노쇠했으며, 유망주들의 성장은 지지부진했다. 새로운 시스템이 필요했다. 나는 선수 육성 시스템을 재정비하고, 실력 있는 선수를 발굴하는 데 역량을 집중했다.

정말 열심히 일했고 성과도 냈다. 그러다 보니 자연스럽게 나의 권한과 영향력이 커졌다. 하지만 노력에도 불구하고 팀 성적이 뒷받침되지 않았다. 성적이 나지 않으면 누군가는 표적이 된다. 이번에는 그 화살이 나를 향했다.

일개 코치가 구단을 망치고 있다?

결정적인 문제는 내가 운영팀장에서 수비코치로 보직이 변경되면서 시작됐다. 7위 팀의 운영팀장이 옷을 벗기는커녕 유니폼을 입는다는 게 이상하게 비쳤던 모양이다. "일개 코치가 모든 권력을 휘두른다"라는 소문이 번지기 시작했고, 급기야 인터넷에 "염경엽이 LG를 망가뜨리는 원흉"이라는 악의적 글까지 올라왔다.

처음에는 오해하는 사람이 열 명 정도였다. 구단에서는 "무대응이 상책"이라며 대응을 저지했다. 내가 아무 말도 하지 못하는 동안 열 명이 백 명이 되고, 백 명이 천 명이 되었다. 급기야 〈이광용의 옐로우카드〉라는 인터넷 방송의 스포츠 프로그램에서 이 내용을 다루기까지 했다. 일파만파였다.

'LG 트윈스의 모 코치가 모든 권력을 장악하고 휘두르고 있다'라고 주장하는 기사가 보도됐을 때는 정말 참을 수 없었다. 해당 언론사 국장에게 전화를 걸어 강력하게 항의했다. 무슨 근거로 그런 기사를 쓴 거냐고 물었지만 당연히 근거 따위는 없었다. 나중에 그 기자로부터 사과를 받았지만 이미 여론은 돌이킬 수 없었다.

상황은 점점 악화했다. 코치 시절 막판에는 온갖 화살이 나에게 쏟아졌고, 나는 점점 사람들을 피해 다니게 됐다. 경기가 끝나면 이름이 보이지 않게 유니폼 위에 유광점퍼를 겹쳐 입고, 사람들이 다 빠져나간 다음에야 외야 뒷문으로 몰래 나갔다. 꼭 죄인이 된 기분이었다.

시즌이 끝나고 구단에서는 다시 운영팀 육성 총괄을 맡아달라고 제안했다. 어차피 원래 하던 일이었고, 코치로서는 비난의 화살을 더 이상 감당하기 힘들었기에 긍정적으로 고려했다. 하지만 한 가지 큰 변수가 생겼다. 차기 감독으로 양상문 감독이 거론됐는데, 갑자기 LG 수석코치로 있던 김기태로 결정됐다는 것이다.

김기태는 내 광주일고 동창이자 가장 절친한 친구다. 만약 내가 코치에서 운영팀장으로 다시 자리를 옮기고, 기태가 감독이 된다면? 당연히 '염경엽이 자기 사람 김기태를 감독으로 앉혔다'라는 말이 나올 것이었다. 그건 이미 나를 향해 있던 온갖 소문과 오해를 사실로 굳히는 최악의 시나리오였다.

기태는 감독 선임이 발표되기 전에 나를 찾아와 수석코치를 맡아 옆에서 도와달라고 제안했다. 하지만 나는 단호히 고개를 저었다.

"그건 우리 둘 다 죽는 길이야. 너는 뭘 해도 내가 시키는 걸 한 사람밖에 안 돼."

"그럼 2군 감독을 맡아서 선수를 키워줘. 운영팀장 말고."
"2군 감독도, 운영팀장도 마찬가지야. 우리는 헤어질 때가 됐어."
"둘이서 잘하면 되지 않겠냐? 결과만 좋으면 다 괜찮을 거야."
하지만 내가 생각하는 현실은 달랐다. 아무리 결과가 좋아도 한번 퍼진 의심은 사라지지 않는다. 그리고 그 의심은 성적이 조금이라도 하락하는 순간 날카로운 칼이 되어 돌아올 것이다. 나 때문에 죄 없는 친구까지 피해를 보게 할 수는 없었다.

억울함은 시간에 맡기고

그래서 사표를 냈다. 구본준 당시 구단주가 나를 붙잡았다. 무조건 남으라고 하면서, 여론이 잠잠해질 때까지 2~3년간 해외에 나가 있으라는 제안까지 했다. 하지만 해외에 나가 있으면서 LG에서 월급을 받는다면 그것도 이상한 일이 아닌가.
"아직 실력이 부족해서 이런 오해를 받는 것 같습니다. 실력을 더 쌓아 야구계에서 제대로 인정받는 사람이 되어 다시 돌아오겠습니다."
오너가 직접 붙잡는데도 나가겠다고 하니 모두가 미쳤다고 했다. 가장 친한 친구들도 이해하지 못했다. 시간이 지나면 모든 게 해결될 텐데 굳이 물러날 필요가 있느냐고 말이다.

사실 나도 흔들렸다. 그런데 아내가 이렇게 말했다.

"지금은 자기가 LG를 떠나는 게 구단을 위해서 가장 좋은 선택인 것 같아."

듣는 순간 머리가 확 트였다. 그렇다! 4년 동안 열심히 일하며 함께한 조직인데 내가 피해를 줘서는 안 된다. 내가 떠나면 모든 게 조용해질 것이고, 조직은 다시 원활하게 돌아갈 것이다.

구단주가 이 결정을 받아들이며 해준 말씀이 큰 힘이 되었다.

"자네는 어디를 가도 성공할 거야. 그 정도 소신을 갖고 있으면 어디서도 성공할 수 있소."

LG를 떠나자 남아 있는 직원들이 나를 다르게 보기 시작했다. 색안경을 끼고 보던 사람들도 그제서야 나를 인정했다. 곧바로 여러 구단에서 러브콜이 왔다. 두산이 가장 적극적이었지만, 코치로 와달라는 김시진 감독님의 제안을 받고 넥센을 택했다.

"다른 팀으로 가는 건 좋은데 옆집(두산)은 가지 말아달라."

나는 구단의 마지막 부탁도 지켰다.

리더의 자리에 있다면 오해와 비난은 피할 수 없다. 특히 성과가 즉각적으로 나타나지 않을 때 더욱 거세진다. 오너의 총애는 양날의 검이다. 그만큼 주변의 시선도 날카로워진다. 조직에서 특별한 신임을 받을수록 더 투명하고 원칙적으로 행동해야 한다.

하지만 모든 해명과 노력에도 불구하고 오해가 풀리지 않는 경우도 있다. 그럴 때 어떻게 해야 할까? 개인의 억울함을 풀기 위해 조직 전체를 흔들 것인가? 그것은 옳지 않다. 한 발 물러서는 것이 때로는 더 멀리 나아가는 방법이 될 수 있다.

인생에서 가장 중요한 것 중 하나가 '정리'다. 모든 관계는 언젠가 끝난다. 끝을 어떻게 맺느냐가 그 사람의 품격을 결정한다. 내 철학은 간단하다.

'감사함은 즉시 표현하고, 억울함은 시간에 맡긴다.'

지금은 오해가 모두 풀렸다. LG 팬들도 지금은 내가 받은 비난이 오해였다는 걸 안다. 나를 비난하던 사람들도 감독으로 돌아온 나를 환영한다. 이것이 바로 시간이 해결해주는 힘이다. 그러니 단기적인 오해에 일희일비하지 말고, 장기적인 신뢰 구축에 집중해야 한다. 이것이 내가 얻은 교훈이다.

...

**감사함은 즉시 표현하고,
억울함은 시간에 맡길 것.**

성공은 때로
관계를 변화시킨다

넥센 히어로즈와의 이별은 LG와는 달랐다. 이번에는 성공을 함께 경험한 다음의 이별이었다. 낮은 곳에서 시작해 함께 정상에 가까이 올라간 경험을 공유했기에 아쉬움이 더 컸다.

넥센 감독직을 수락하던 당시 나는 원칙을 분명히 했다.

"저는 제 야구가 있습니다. 제 야구가 안 되면 저는 감독을 하지 않겠습니다."

이장석 당시 대표는 "염경엽이 생각하는 야구와 이장석 야구가 비슷하다"라며 동의했다. 우리는 야구에 대해 의견이 갈릴 때는 내가 왜 그렇게 하는지 정확히 설명하고, 대표가 이해할 수 있다면 수용하는 방식으로 협력하기로 합의했다.

이런 명확한 원칙과 경계 설정 덕분에 처음 2년 동안은 정말 순조롭게 흘러갔다. 내가 감독으로 부임한 첫 해인 2013년, 넥센 히어로즈는 팀 창단 이후 최고 승률과 최다승을 기록하며 처음으로 포스트시즌에 진출했다. 그리고 2014년에는 준우승까지 차지했다. 만년 하위팀이던 넥센이 한국시리즈까지 올라간 것은 많은 사람에게 신선한 충격이었다.

―

성공은 때로 관계를 변화시킨다

그러나 성공이 항상 더 큰 성공으로 이어지는 것은 아니다. 오히려 성공이 관계를 변질시키는 경우도 있다. 준우승 이후부터 가장 눈에 띄는 변화는 이장석 대표의 태도였다. 그는 이전까지 나와 대화할 때 항상 '우리가'라는 표현을 썼다. 하지만 준우승 이후부터는 '당신이'라는 말을 쓰기 시작했다.

비록 준우승을 했지만 넥센은 우승한 삼성보다 더 많은 주목을 받았다. 자연히 내 리더십에도 관심이 쏠렸다. 그런 가운데 구단과 내 관계에 미묘한 균열이 생겼다. 무대의 중심, 언론의 관심, 팬들의 사랑이 나에게 집중되는 것이 달가울 리 없었을 것이다.

결국 2015년 시즌이 끝나고 사표를 냈다. 잔여 연봉도 필요 없으니 그냥 떠나겠다고 했다. 그러나 구단은 1년만 더 해달라고 간곡히 요청했다.

"선수들이 FA로 빠져나가서 전력 손실이 큰데, 여기서 그만두면 팀이 약해져서 도망간다는 말을 들을 수 있다. 자존심 상하지 않겠나?" 그런 말과 함께 "1년만 더 하면 다른 팀으로 갈 수 있게 풀어주겠다. 아무 조건 없이 어디든 갈 수 있게 하겠다"라는 확약도 했다.

나는 늘 책임지는 리더이고자 했고, 지금은 떠나기보다 남아서 책임을 져야 하는 순간이 맞았다. 구단의 제안을 받아들여 2016년 시즌을 맡기로 했다.

2016년 우리 팀은 최악의 조건에 처해 있었다. 핵심 전력의 70퍼센트가 빠진 상태였다. 강정호는 이미 메이저리그로 떠났고 홈런왕 박병호, 안타왕 유한준, 마무리 손승락이 모두 팀을 떠났다. 에이스 밴 헤켄은 일본으로 갔으며, 불펜의 두 축이었던 조상우와 한현희는 부상으로 시즌아웃됐다.

그런 악조건 속에서도 우리는 그해 정규시즌 3위라는 놀라운 성적을 거두었다. 만약 내가 2015년에 떠났다면, 구단의 말마따나 사람들이 "약해진 팀에서 도망갔다"고 비난했을 것이다. 오히려 이렇게 남아 어려운 상황에서 성과를 만들어낸 것이 내게 더 큰 자부심을 안겨주었다. 선수들과 함께 불가능을 현실로 만든 경험이었기 때문이다.

이해할 수 없는 언론 플레이

그런데 8월 중순, 남궁종환 당시 부사장이 감독실을 찾아왔다. 그리고 단도직입적으로 물었다.

"올 시즌 끝나고 더 하시겠습니까, 안 하시겠습니까?"

나는 작년에 약속한 대로 "시즌이 끝나면 그만하겠습니다"라고 대답했다. 이미 좋게 헤어지기로 합의한 상태였고, 나 역시 새로운 도전을 할 준비가 되어 있었다.

떠나기로 결정한 이상 함께 고생한 코치들에게도 그 사실을 알려주는 것이 옳다고 생각했다. 그들에게도 각자의 길을 준비할 시간이 필요하다. 그래서 코치들을 모아놓고 말했다.

"나는 올 시즌이 끝나면 팀을 떠날 거다. 이제 우리가 헤어질 때도 됐다. 함께 가고 싶은 사람은 함께 가도 좋고, 따로 가는 것도 좋다. 다른 팀에서 좋은 조건을 제안하면 얼마든지 가라. 그런다고 배신했다고 생각하지 않을 테니 걱정하지 마라."

우리는 모두 함께 성장했다. 내가 처음 감독을 맡았듯, 나와 함께한 코치들도 대부분 처음으로 코치 생활을 시작한 이들이었다. 그들이 성장하는 모습을 지켜보는 것은 큰 보람이었다. 이전에는 누군가에게 부탁해서 팀을 구해야 했지만, 이제는 그들 스스로 팀을 고를 수 있는 위치가 된 것이다.

문제가 생긴 것은 내가 넥센을 떠난다는 소문이 퍼지면서였다. 차기 행선지에 대한 추측이 나돌았다. 당시 SK 와이번스의 성적이 좋지 않았는데, 자연스럽게 내가 SK의 차기 감독으로 거론되기 시작했다. 10월쯤에 SK 민경삼 단장을 만나 감독 제의를 받은 것은 사실이다. 하지만 그때 나는 "시즌 끝나고 얘기하자"라고만 했다. 넥센에서의 마무리가 우선이라고 생각했다. 그런데 우리 팀의 한 코치가 이 사실을 구단에 잘못 흘리면서 상황이 악화했다. "SK에서 감독님을 모시고 가면서 나도 오라고 하는데 난 여기 남고 싶어"라며 자랑 삼아 말했던 것이다.

순식간에 문제가 커졌다. 다른 팀 사람을 만나는 것 자체는 전혀 문제가 되지 않는다. 시즌 후 떠나기로 합의한 상태였으니, 다음을 준비하는 것은 당연한 일이었다. 그런데 구단은 이를 빌미로 나를 코너로 몰기 시작했다. 기자들에게 "염경엽 감독은 벌써 SK와 계약이 돼 있고, 우리 코치들을 빼가려고 한다"라는 이야기를 퍼뜨렸다. 심지어 "정규시즌이 끝나면 염경엽 감독을 자르고, 감독 없이 대행 체제로 포스트시즌을 치를 계획"이라는 말까지 했다고, 구단의 이야기를 들은 기자들이 내게 전해줬다.

엄청난 배신감을 느꼈다. 작년부터 시즌이 끝나면 좋게 헤어지기로 약속했고, 8월에 부사장이 찾아와 다시 확인까지 해놓고, 왜 나를 배신자로 몰아가는지 이해할 수 없었다.

이런 상황에서 나는 "자꾸 흔들면 떠나겠다"라는 말로 일축했다. 사실 마음 같아서는 그 즉시 짐을 싸서 떠나고 싶었다. 하지만 선수들이 있었다. 나 하나의 감정적 행동으로 선수들이 땀 흘려 꾸려온 시즌을 망가뜨릴 순 없었다.

모든 역경에도 불구하고 우리는 가을야구에 진출했지만, LG에 패하며 준플레이오프에서 탈락했다. 패장 인터뷰에서 나는 사퇴를 발표했다. 우리의 시즌은 거기까지였기에, 나와 팀 모두를 위해 깔끔하게 정리하는 게 최선이라고 판단했다. 더는 감정 싸움을 이어가고 싶지도 않았다. 1년간 쉬어야겠다는 결심이 섰다.

사퇴 발표 자리에서도 많은 오해를 받았다. 당시 휴대폰을 보면서 말했다는 이유로 '미리 준비했다'는 비난이 쏟아졌다. 마치 경기에 집중하지 않고 사퇴 발표만 준비했다는 식의 왜곡이었다. 사실 준비한 것은 맞다. 하지만 그날 쓴 것이 아니라, 그해 틈틈이 조금씩 수정해온 글이었다.

수십 번 지우고 또 썼다. 특히 구단의 비열한 언론 플레이에 화가 머리끝까지 났을 때는 거친 표현도 등장했지만, 최종적으로는 감정을 걷어내고 간결하게 정리했다. 진실은 언젠가 밝혀질 것이고, 헤어짐은 깔끔해야 한다고 생각했기 때문이다.

나는 결코 팀을 포기하지 않았다. 이번 시즌을 끝으로 팀을 떠나겠다고 결심한 순간에도, 팀을 우승시키고 떠나겠다는 목표는 변함없었다. 그것이 내 책임감이었다. 끝까지 최선을 다했다고 나는 당당하게 말할 수 있다.

모든 관계에는 시작과 끝이 있다

내가 구단을 떠나게 된 가장 큰 이유는 무엇이었을까? 내가 한 일에 대해 인정받지 못해서다. 어느 순간부터 구단은 내가 아닌 다른 사람이 감독을 했다면 더 좋은 성적이 났을 거라고 생각하는 듯 보였고, 그런 태도를 굳이 숨기지도 않았다.

내가 조직을 떠나는 이유는 두 가지뿐이다. 첫째, 그 조직에서 나를 인정하지 않을 때. 둘째, 내가 책임을 져야 할 때. 이번에는 전자였다.

나는 이번에도 즉각 해명하지 않았다. 쏟아내고 싶은 말들, 밝히고 싶은 진실이 산더미였지만 결국 참았다. 미우나 고우나, 내 감독 커리어를 만들어준 구단이었다. 나는 그 팀에서 오래 감독 커리어를 이어가고 싶었다. 넥센 왕조를 꿈꿨다. 그러나 2년 만에 모든 것이 변했다. 구단도 변했고, 나도 변했다(내 입장에서는 구단이 몇 배는 더 크게 변했다고 생각하지만). 이런 상황에서 무리하게 역할을 이어가는 것이 능사는 아니라고 생각했다.

모든 관계에는 시작과 끝이 있다. 어떤 끝을 맺느냐가 그 관계의 진정한 가치를 보여준다. 나는 항상 감사함을 앞에 두려 한다. 넥센에서 첫 감독 기회를 얻어 성장할 수 있었던 것, 함께한 선수들과 코치들이 모두 성장할 수 있었던 것. 그 모든 추억과 경험이 지금의 나를 만들었다. 그러니 그것을 잊어선 안 된다.

넥센에서의 경험은 나에게 '성공 이후의 관계 관리'라는 숙제를 남겼다. 성공하기 위해 노력하는 것만큼이나, 성공 이후 관계를 유지하기 위한 노력도 중요하다. 그러나 어떤 노력에도 불구하고 관계가 변했다면, 그리고 그것이 모두에게 좋지 않은 변화라면 결단이 필요하다. 자신의 소신을 지키고 책임을 다하기 위해 물러서는 용기도 필요하다.

...

**성공이 항상 더 큰 성공으로 이어지는 것은 아니다.
오히려 성공이 관계를 변질시키는 경우도 있다.
그럴 때 자신의 소신을 지키기 위해
물러서는 용기도 필요하다.**

경험이 쌓이면 목표는 진화한다

인생은 참 묘하다. 정해놓은 목표에 도달하면 또 다른 목표가 생기고, 때로는 예상치 못한 곳에서 새로운 꿈이 싹트기도 한다.

프런트로 첫발을 내디딘 날, 나는 야심 찼지만 지극히 현실적인 목표를 세웠다. 앞서 밝혔듯 수석코치가 되는 것, 그리고 단장이 되는 것. 당시만 해도 감독은 꿈도 꾸지 못했다. 1할대 백업 선수가 어떻게 감독이 되겠는가? 선수로서 빛나는 경력을 가진 이들만이 감독 자리에 오를 수 있었던 시대다.

그러나 인생은 언제나 예측을 뛰어넘는다. 프런트 경력 8년, 코치 경력 4년이 전부였던 내가 넥센 히어로즈의 감독으로 전격 발탁되었다. 야구계가 모두 놀란 일대 사건이었다. 이후 창단 첫 포스트시즌 진출과 한국시리즈 준우승이라는 쾌거를 이루며 넥센을 가을야구 단골손님으로 만들었다.

넥센 감독직을 내려놓을 때, 나는 이미 최초의 목표를 초과 달성한 상태였다. 하지만 다시 새로운 꿈이 생겼다. 감독으로서 팀을 우승시키는 것이었다. 하지만 그 전에 잠시 멈춰 충전할 시간이 필요했다.

넥센에서 4년을 보내며 많이 지쳐 있었다. 단순히 야구만 했다면 마음이 편했을 텐데, 사람 사이 의견 충돌에서 오는 스트레스가 꼭짓점에 달해 있었다. 1년 동안 미국 텍사스 레인저스에서 연수를 하기로 결정했다. 그곳에서 메이저리그의 시스템을 배우고 새로운 트렌드를 익히며, 무엇보다 나 자신을 돌아볼 시간을 갖고자 했다. 좀 더 발전하고 준비된 감독으로 돌아오고 싶었다.

―

조금은 이르게 찾아온 기회

그때 민경삼 단장이 다시 나를 찾아왔다. 자신은 당분간 쉴 생각이니, 대신 SK의 단장을 맡아달라고 했다. 정작 쉬어야 하는 사람은 나라고 대꾸했다. 그해 겨울 민경삼 단장을 열 번 정도 만났지만, 계속 거절했다. 그만큼 확고했다.

미국에 도착한 지 얼마 지나지 않았을 때 SK 와이번스의 류준

열 사장이 직접 애리조나 캠프장으로 날아왔다. 상상도 못 한 일이었다.

"구단주께서 염 감독님을 단장으로 모시고 오지 않으면 한국에 입국하지 말라는 엄명을 내리셨습니다."

처음엔 과장이라고 생각했다. 그런데 3박 4일 내내 계속해서 거절했지만 류준열 사장은 돌아갈 생각이 없어 보였다. 그러다 마지막 날, 구단주인 최창원 부회장이 직접 전화를 했다.

"염 감독님이 감독으로서 능력이 뛰어난 건 모두가 알죠. 하지만 프런트로서의 역량도 뛰어나다고 생각해요. 그 역량을 우리 팀에서 보여줬으면 좋겠어요."

고용주가 고용인에게 하는 말이 아닌, 한 사람의 야구팬이 야구인 염경엽에게 하는 말이었다. 팀의 방향과 미래에 대한 비전도 진지하게 공유해주었다. 그 진심이 너무 따뜻하고 좋아서 마음이 흔들렸다. 나는 고민 끝에 타협안을 내놓았다.

"아직 이곳에서 배울 게 남아 있습니다. 5월에 한국으로 돌아가 최종 결정을 내리겠습니다."

그렇게 류준열 사장은 한국으로 돌아갔다. 그런데 바로 그날, 뜻밖의 일이 벌어졌다. 어디서 소문이 샜는지 모르지만 "SK 단장에 염경엽"이라는 기사가 언론에 터진 것이다.

낭패였다. 하지만 이미 벌어진 일이었다. 냉정하게 판단했다. 5월에 가서 욕을 먹든 2월에 가서 욕을 먹든, 어차피 욕 먹는 건 똑같다. 그렇다면 차라리 시즌 시작 전에 들어가 팀에 실질적인 도움을 주는 게 낫지 않을까?

그 결정이 쉽지는 않았다. 엄청난 내적 갈등이 있었다. 감독을 사퇴하며 "SK는 물론 어느 팀에도 가지 않겠다"라고 했던 말을 뒤집는 것이었다. 무슨 말을 해도 변명에 불과했다. 그럼에도 불구하고 단장직은 '거부할 수 없는 제안'이었다. 아무 때나, 아무에게나 오는 기회가 아니었다.

운영팀장으로서 팀의 실질적인 살림을 도맡아 해봤다면, 이제 구단 전체를 총괄하며 행정과 야구를 모두 책임지는 기회가 찾아온 것이다. 감독 자리는 언젠가 다시 기회가 올 수 있지만, 단장은 보통 감독 경력이 끝난 후에야 맡을 수 있는 포지션이다. 이걸 미리 경험한다면 내 야구 인생에 엄청난 자산이 될 것이 분명했다. 게다가 구단주가 직접 나서서 영입을 추진한다는 것은 내 능력을 높이 평가하고 신뢰한다는 강력한 증거였다. 이런 환경이라면 내 야구 철학을 실현할 최적의 조건이 갖춰진 셈이다. '이렇게 좋은 조건으로 단장 제의를 받는 기회가 또 올까?' 하는 생각도 들었다.

하지만 얻는 게 있으면 잃는 것도 있는 법이다. 단장이라는 꿈을 이루는 순간, 넥센 팬들에게 한 약속은 어기게 되었다. "1년간 아무것도 안 하고 쉬겠다"라며 떠나왔는데, 몇 개월 만에 SK 단장으로 돌아왔으니 팬들이 크게 실망할 수밖에 없었다.

돌이켜 보면 후회도 된다. 내 소신대로 1년을 쉬었더라면 '배신자'라는 딱지는 붙지 않았을 것이다. 하지만 인생이 내 뜻대로만 굴러가지는 않는 법이고, 공교로운 때에 찾아온 인생의 기회를 차마 놓칠 수 없었다.

넥센 팬들에게는 지금도 정말 죄송한 마음뿐이다. 다만 그때의 결정을 조금이나마 이해해주셨으면 하는 바람이다.

"나는 네 보스가 아니라 브라더야"

신임 단장으로서 가장 먼저 해결해야 할 과제는 트레이 힐만 감독과의 관계 설정이었다. 내가 SK에 합류했을 때 힐만은 이미 감독으로 선임된 상태였다. 나는 단장으로서 힐만 감독에게 내 야구 철학을 인식시켜야 했다.

물론 힐만도 나에 대해 충분히 알고 있었다. 내가 한국에서 어떤 감독이었는지, 어떤 능력을 갖고 있는지, 어떤 조건으로 스카우트되어 왔는지, SK에서 얼마나 큰 권한을 가진 사람인지 모두 알고 있었다. 선수단도 마찬가지였다.

우선 내가 정리한 매뉴얼을 영어로 번역해 힐만에게 건넸다. 말로 듣는 것보다 깊이 있게 읽어보는 것이 좋을 것 같았다.

"한국 야구를 하는 데 감독님에게 큰 도움이 될 겁니다."

한 달쯤 후, 어느 경기에서 매뉴얼과 다른 작전이 나왔을 때 힐

만에게 면담을 요청했다. 그의 반응은 예상과 달랐다. 말투에서 '나도 이 정도는 알아'라는 느낌이 강하게 풍겼다. 이는 나에 대해 신뢰보다는 반감을 갖고 있다는 신호였다. 소통을 할 때 첫째로는 상대를 자극해서는 안 된다. 나는 바로 한발 물러나 접근 방식을 완전히 바꿨다.

"나를 '보스'라고 부르지 마. 그건 미국 문화고, 한국은 달라. 당신이 나보다 나이가 더 많으니, 내가 당신을 '브라더'라고 부를게. 당신은 진짜 내 형님이야. 야구로도 나보다 선배고."

나는 그에게 약속했다.

"절대 먼저 가서 질문하지 않을게. 어려움이 있을 때 나에게 물어봐준다면, 내가 소신껏 대답해줄게. 구단주의 지시가 있을 때는 내가 방어해줄게. 형님 하고 싶은 야구를 해."

중요한 건 내 야구가 아니다. 우리 조직이 성공하는 게 중요하다. 결과를 만들어내는 게 중요하다. 도착 지점에 정확하게 도달할 수만 있다면, 국도로 가든 고속도로로 가든 그건 크게 중요하지 않다. 나는 영 다른 길로 갈 때만 살짝 방향을 잡아주는 식으로 힐만 감독과 소통을 이어나갔다. 먼저 신뢰를 얻은 후에야 진짜 이야기를 시작할 수 있을 터였다.

힐만의 가족이 한국에 왔을 때는 우리 가족과 함께 제주도로 여행을 가기도 했다. 딸과 아내까지 동원해 제주행 티켓을 끊고 가이드 역할도 했다. 가족까지 챙겨야 진짜 형제 아니겠는가.

초반에는 약간의 오해도 있었다. 하지만 원칙을 가지고 소통하다 보니 자연스럽게 관계가 좋아졌다. 내가 하는 조언들이 팀에 좋은 영향을 미치고 결과가 나오니 힐만도 내 말이 틀리지 않다는 것을 알게 됐다. 두 번째, 세 번째 소통부터는 훨씬 쉬워졌고, 네 번째부터는 진짜 형제가 되었다.

나는 그가 '이 사람은 나를 감독으로서 성공시켜주려고 진심으로 노력하는구나'라고 느낄 수 있도록 최선을 다했다. 진심이 통하자 야구 얘기도 통하기 시작했다.

그렇게 우리는 2018년 한국시리즈 우승이라는 목표를 함께 달성했다. SK 와이번스는 8년 만의 우승이었다. 물론 운도 따라줬다. 당시 '어우두(어차피 우승은 두산)'라는 말이 있을 정도로 두산 베어스의 우세가 점쳐졌지만, 김재환 선수의 부상과 같은 악재가 우리에게는 운으로 작용했다. 우승에는 운도 따라야 하는 법이다.

단장으로서 느껴본 우승의 기쁨은 특별했다. 오랫동안 프런트에서 일했지만, 조직의 최고 책임자로서 모든 판단을 내리고 전체 그림을 그리는 것은 분명 색다른 경험이었다. 단장의 자리에서 바라본 야구는 더 넓고 깊은 이해를 요구했다. 그만큼 우승의 기쁨도 더 컸다. 단장 경험은 나를 한층 성장시켰고, 이후의 여정을 위한 귀중한 밑거름이 되었다.

인생의 목표는 계속해서 진화한다. 목표를 달성하면 거기서 멈추는 것이 아니라, 더 높은 곳을 바라보게 된다. 그것이 성장하는 인간의 본능이다. 모든 경험이 쌓여 다음 단계를 준비하게 만든다. 어느덧 내 마음속에는 감독으로서 우승하겠다는 꿈이 자리 잡고 있었다. 단장이라는 예상 밖의 기회가 찾아와 원래 계획에서 잠시 벗어났지만, SK에서의 우승을 경험하면서 그 꿈은 더욱 간절해졌다. 힐만 감독과 함께 만들어낸 우승도 값지지만, 내 손으로 직접 현장에서 이끌어낸 우승의 감격을 맛보고 싶어졌다.

...

**힐만이 '이 사람은 나를 감독으로서
성공시켜주려고 진심으로 노력하는구나'라고
느낄 수 있도록 최선을 다했다.
진심이 통하자 야구 얘기도 통하기 시작했다.
그렇게 우리는 2018년 한국시리즈 우승이라는
목표를 함께 달성했다.**

원칙을 잊을 때
실패는 시작된다

때로는 단 한 번의 실패로 모든 것이 무너져 내리기도 한다. 내 인생에서 가장 뼈아픈 실패가 바로 SK 와이번스 감독 시절이다. 단순히 한 시즌을 망친 것이 아니라, 평생 쌓아온 내 야구 인생의 기반이 흔들리는 경험이었다.

내가 SK 단장으로 있던 2018년, 우리는 한국시리즈에서 두산 베어스를 꺾고 우승을 차지했다. 정규시즌에서는 두산이 1등, 우리가 2등이었다. 3위 넥센과의 플레이오프에서는 정말 극적인 승부를 펼쳤다. 5차전 단두대 매치에서 우리가 9대 4로 이기고 있던 9회 초에 대거 5점을 내주며 연장에 갔고, 이어진 10회 초에 다시 1점을 내주며 시리즈 탈락 위기에 몰렸다. 그러다 10회

말에 김강민의 동점 홈런에 이은 한유섬의 백투백 홈런이 터지면서 한국시리즈에 진출했다. 그리고 결국 우승까지 차지했다.

그해 시즌이 끝난 후, 나는 단장으로서 힐만 감독과의 재계약을 위해 엄청나게 노력했다. 하지만 이미 시즌 막판에 힐만은 미국으로 돌아가겠다는 의사를 공식적으로 밝힌 바 있었다. 부모님의 건강 문제 때문에 고향으로 돌아가야 했다.

딱 1년만 더 함께하자고 간곡하게 설득했지만 잡을 수 없었다. 결국 그 자리를 내가 떠안게 되었다. 나의 의지라기보다 구단의 의지였다. 우승팀, 그것도 정규시즌 2위로 올라가 한국시리즈에서 업셋 우승을 차지한 팀의 감독으로 부임하는 것은 부담이 엄청났다.

―

자만이 만든 작은 구멍들

그때까지 내 두 번째 야구 인생은 거의 모든 것이 목표대로 흘러갔다. 넥센 감독에서 SK 단장까지, 내가 노력하면 모든 것이 이루어진다고 믿었다. 그래서 자만했다. 부담스러운 자리였지만 지금까지 했던 것처럼 노력하면 좋은 성과를 낼 수 있을 거라고 확신했다. 하지만 돌이켜보면 그 과정에서 나는 내가 만든 매뉴얼을 무시하면서 스스로 작은 구멍들을 만들고 있었다.

첫 번째는 FA 영입에서의 실수였다. SK 단장 시절, 당시 삼성의 김상수를 FA로 잡을 수 있는 상황이었지만 포기했다. 대신 강승호에게 더 많은 기회를 줘서 빨리 키우면 된다고 생각했다. '나는 남들이 다 가는 쉬운 길이 아닌, 어려운 길을 가며 결과를 만들어낸다'라는 오만이 만든 오판이었다.

두 번째 실수는 양의지와 이재원 사이의 선택이었다. 내 매뉴얼대로라면 양의지로 갔어야 했다. 하지만 나는 이재원을 택했다. 주장으로서 한국시리즈를 우승으로 이끄는 데 기여한 그를 아끼는 마음도 있었고, 다른 선수들에게 팀에 대한 충성심이 보상 받는다는 것을 보여주고 싶기도 했다. 하지만 안타깝게도 이재원은 재계약 후 타격과 수비 모두에서 급격한 하향세를 그리며 어려운 시기를 보내야 했다.

만약 그때 양의지를 영입했다면, 나는 지금도 SK에 있었을지 모른다. 이런 선택들이 내 인생의 방향을 바꿔놓은 것이다. 순간순간의 선택들이 인생을 바꾼다. 그리고 나는 내가 세웠던 원칙에 벗어나는 선택을 했기 때문에 위기의 단초를 마련했다.

가장 치명적인 실수는 2020시즌을 앞두고 저지른 '최대한의 시건방'이었다. 먼저 내가 직접 나서서 구단주를 설득해 김광현을 미국에 보내준 것. 그리고 우리와 계약할 수도 있었던 산체스를 일본 요미우리 자이언츠와 계약하고 싶다고 해서 쿨하게 보내준 것. 선수들에게는 엄청난 기회였기에 팀에 큰 손실이 있을 거라는 사실을 알면서도 문을 열어줬다. 그렇게 원투 펀치, 무려 40승을 보내버렸다.

심지어 그 전해인 2019년 정규시즌에서 8게임 차를 뒤집혀 1위 자리를 두산에게 내준 상황이었다. 결코 여유 부릴 처지가 아니었다. 하지만 넥센 시절 매년 그렇게 했던 것처럼, 있는 선수들을 활용하면 우승은 못해도 4강은 갈 거라는 어이없는 자신감이 내게는 있었다.

2019년에 8게임 차가 뒤집힌 이유를 생각해보면, 일단 내가 조급했다. 감독이 불안감을 갖고 있었으니 선수들도 불안할 수밖에 없었다. 더블헤더에서 2패를 당하고 두산과의 승차가 3게임으로 줄어든 순간부터 선수들의 몸이 딱딱하게 굳어버렸다. 그때부터는 아무리 내가 얘기를 해도 어쩔 수가 없었다. 결국 우리는 정규시즌 1위를 내줬고, 이어진 플레이오프에서 키움에 3연패를 당하며 최종 3위로 시즌을 마쳤다.

물론 핑계는 있다. 이건 정말 중요한 부분이다. 우리가 9월에 2할 승률을 기록하며 1등을 빼앗겼다면 할 말이 없다. 그건 우리 팀의 부진이니까. 하지만 우리는 4할5푼이라는, 거의 5할에 가까운 승률을 유지했다. 그런데도 1위를 빼앗겼다는 것은 같은 기간 동안 두산이 8할 이상의 승률을 기록했다는 뜻이다. 어떻게 그런 일이 가능했을까?

당시 KBO 리그의 구조적 문제가 있었다. 하위권 팀들은 가을

야구에 진출 가능성이 없어지면 '리빌딩'이라는 명목 하에 2군 선수들 위주로 라인업을 기용하며 이길 수 없는 경기를 했다. 두산은 그런 하위 팀들과의 경기가 많이 남아 있었던 반면, 우리는 상위권 팀들과 대부분의 경기를 치러야 했다.

지금은 많이 달라졌지만, 그건 정말 잘못된 관행이었다. 육성은 2군에서 하는 것이지, 1군에서 무슨 육성을 하나? 그럼 팬들은 지는 경기를 보러 오는 것인가? 사실 5할에 가까운 승률을 유지하면서 8게임 차가 뒤집히는 것은 야구에서 있을 수 없는 일이다.

이런 상황에서 2020시즌을 앞두고 산체스도 안 잡고 김광현도 안 잡고… 내가 생각해도 정말 미친놈이었다. 그러면서 '아무리 어려워도 성적을 내는 게 내 야구야'라는 자만심, '이렇게 해서 보여줘야 내 가치를 인정받지'라는 잘못된 생각에 사로잡혀 있었다.

―

건강을 잃으면 모든 것을 잃는다

결국 팀은 2020시즌 초반부터 극심한 부진을 겪어야 했다. 나는 스스로를 극한까지 몰아붙였다. 제대로 자지도 먹지도 않으며 어떻게든 해답을 찾으려고 몸부림쳤다. 늘 그랬듯 죽도록 노력하면 못할 일은 없을 거라고 믿었다. 내가 흔들리면 나를 따르는 조직까지 전부 흔들릴 터였다. 막중한 책임감도 있었다.

당장 눈앞에 닥친 문제들을 해결하느라 건강은 뒷전이었다. 무조건 일이 우선이었다. 팬들에게, 회사에게, 선수들에게 인정 받고 모두에게 잘한다는 소리를 들어야 한다는 생각에 빠져 있었다. 가족들이 걱정을 많이 했다. 하지만 들리지 않았다.

결국 버티지 못하는 순간이 왔다. 2020년 여름, 나는 경기 도중 더그아웃에서 쓰러졌다. 경기가 멈추고 정신을 잃은 채 응급차에 실려 나갔다. '불충분한 식사와 수면, 과도한 스트레스로 인해 극도로 심신이 쇠약한 상태.' 코에 연결된 호스를 통해 영양분을 공급받으며 거의 한 달 동안을 병원 침대에 누워 있었다. 그만큼 심각한 상황이었다.

두 달 동안 '절대 안정'을 취해야 한다는 의사의 진단에 따라 휴식기를 갖고 9월에 다시 복귀했지만 다시 한 번 병원을 찾아야 했다. 더 버티는 것은 팀에게 해가 될 뿐이라는 것이 자명해졌다. 박경완 감독대행 체제로 나머지 경기를 치렀고, 결국 전체 9위로 시즌을 종료했다. 나 때문에 팀이 망가졌다는 생각에 쉬면서도 쉬는 게 아니었다.

그라운드 밖에 머무는 동안 실감했다. 20년 넘게 죽기 살기로 달려온 나의 노력이 단 한 번의 실패로 물거품이 될 수도 있다는 것을. 흔한 말이지만, 건강을 잃으면 모든 것을 잃을 수도 있다는 것을.

이 실패는 내 인생의 분기점이 되었다. 나는 교훈을 얻었고, 이제는 같은 실수를 반복하지 않는다. 프로는 비즈니스의 세계이고, 비즈니스 세계에서는 비즈니스를 해야 한다. 나 자신을 증명한다고, 정과 의리를 챙긴다고 비즈니스를 저버리는 것은 팀을 위기에 빠뜨리는 짓이요, 팬들에 대한 의리를 저버리는 것이다.

작은 잘못된 선택들이 모여 큰 실패를 만든다. 내가 세운 원칙과 매뉴얼을 어기는 순간부터 실패는 시작된다. 그리고 건강을 해치는 순간, 모든 노력과 꿈이 한순간에 무너질 수 있다.

시즌이 끝난 후, 나는 SK를 떠났다. 하지만 20년이 물거품이 된 것은 아니었다. 내 두 번째 야구 인생에서 가장 큰 위기였던 그 순간은 역설적이게도 '지속 가능한' 야구 인생의 출발점이 되었다. 실패한 1년이 있었기에 앞으로의 20년을 더 올바른 방향으로 준비할 수 있었다.

...

'아무리 어려워도 성적을 내는 게 내 야구야'라는 자만심,
'이렇게 해서 보여줘야 내 가치를 인정받지'라는
잘못된 생각에 사로잡혀 있었다.

결과와 과정은
결국 하나다

오직 성공이라는 목표만을 바라보며 죽기 살기로 달려왔다. 선수 생활은 실패했지만 지도자로서 성공한 사람의 롤 모델이 되고 싶었다. 은퇴 후 갈 길을 못 찾는 많은 선수에게 희망을 주고 싶었다. 숨 돌릴 틈도 없었던 시간이었다.

더그아웃에서 쓰러진 후 3개월 정도 정말 힘들었다. 현실을 받아들이기가 가장 어려웠다. 이루 말할 수 없는 좌절감이 밀려왔다. '내가 이것밖에 안 되나?' 누구보다 인정받고 싶었기에 한순간 무능해져버린 느낌을 견딜 수 없었다.

어디서부터 잘못된 건지 끝없는 반추와 자책을 했다. 자기 몸 하나 챙기지 못하고 팀마저 망가뜨렸다는 죄책감에 미쳐버릴 것만 같았다. 우울증이 왔고, 그러다 처음으로 공황장애라는 것까지 겪게 됐다. 몸이 바닥을 찍으면 정신도 버텨내지 못한다. 그걸 몸소 겪고서야 실감했다.

그러던 어느 날 저녁, 마당에 서서 별을 바라보는데 문득 그런 생각이 들었다.

'그동안 잘 해왔어. 이 정도면 성공했잖아. 너 정말 열심히 살았다.'

간절히 필요한 말이었다. 그리고 그 말을 해줄 수 있는 사람은 결국 나 자신뿐이었다.

내가 저지른 가장 큰 실수는 삶의 균형을 무너뜨렸던 것이다. 그러면 내가 하는 야구의 균형도 무너지는 거다. 그것을 깨닫자 비로소 주변이 보였다. 여전히 내 곁에는 나를 지지하고 응원해주는 사람들이 있었다. 그들이 없었다면 나는 그대로 바닥으로 처박혔을 것이다. 최창원 구단주는 나를 탓하지 않았고, 오히려 다독여주었다.

"책임은 감독님에게만 있는 게 아닙니다. 감독님을 믿고 쓴 저도 같이 책임을 지는 거예요. 감독님은 최선을 다했고, 이 시련을 통해 더 성장할 겁니다. 너무 스스로를 탓하지 마세요."

나를 지켜준 사람들에 대한 감사함, 인생을 잘못 살지 않았다는 안도감, 다시 시작할 수 있다는 희망이 다시금 나를 일어서게 했다.

최선을 다하고 결과는 받아들인다

SK 감독직을 내려놓고 샌디에이고로 연수를 떠났다. 애리조나에서 두 달간 스프링캠프를 함께하고, 샌디에이고로 넘어가 메이저리그 시즌을 지켜봤다. 오롯이 나 혼자만의 시간이었다. 태어나서 처음으로. 가족도 없고, 팀도 없었다. 그동안 내가 해왔던 것들을 찬찬히 돌아보았다. 이 시간이 엄청난 도움이 됐다.

가장 크게 깨달은 것은, 프로의 세계에서는 과정보다 결과가 중요하다는 사실이었다. 그리고 비즈니스 마인드가 필요하다는 것. 결과를 내기 위해서는 '정'을 배제해야 한다. 비즈니스적인 문제는 비즈니스 관점으로 결정해야 한다.

돌아보니 내가 실패한 과정 중에는 사람 사이의 끈끈한 정이 알게 모르게 영향을 미쳤다. 물론 정은 중요하다. 비정한 야구는 생각만 해도 재미없다. 선수도 팀도 애정으로 키워나가야 한다. 다만 사적인 감정이 공적인 영역으로 넘어오면 비즈니스는 망가지기 쉽다. 감정적 선택으로 빈틈이 생기고, 그 빈틈이 결국 승리를 가로막는다. 그리고 자만심. 그동안 성공을 거듭하면서 쌓인 작은 자만심이 현실과 스스로에 대한 객관적 판단을 흐렸다.

하지만 그 또한 내가 만든 결과였다. 나는 매뉴얼로 돌아갔다. 그리고 매뉴얼을 고치기 시작했다. 다시 감독 자리가 주어졌을 때 어떤 생각을 갖고 임해야 하는지, 무엇을 가장 중요하게 생각해야 하는지 새롭게 정리했다. 대부분의 수정은 기술적인 내용에서 이루어졌지만, 가장 크게 바꾼 대원칙은 이것이었다.

"최선을 다하고 결과는 받아들인다."

그전에는 결과를 받아들이지 못해서 모두를 힘들게 했다. 코치들을 힘들게 밀어붙였고, 선수들에게도 말로는 편하게 하라고 했지만 내 안의 밀어붙이는 성향이 불필요한 압박감으로 전해질 수밖에 없었다.

어릴 때부터 그런 성향이었다. 뭔가 하고 싶은 것이 있으면 바로 해야 했다. 갖고 싶은 것이 생기면 엄마에게 매달리든, 나가서 돈을 벌든, 안 쓰는 물건을 팔든, 남에게 피해를 주지 않는 선에서 어떻게든 수단과 방법을 가리지 않고 원하는 것을 손에 넣었다.

일할 때도 마찬가지였다. 뭔가를 끝내야 한다고 생각하면 밤을 새워서라도 끝냈다. 안 끝내면 잠을 못 잤다. 머리가 계속 그 생각으로 가득 차 있었기 때문이다. 지금은 그런 습관을 고치려고 노력 중이다. 그러다가 건강을 잃고 거의 죽을 뻔했다. 최선을 다하되 결과는 받아들여야 건강도 팀도 지킬 수 있다. 건강을 잃으면 아무것도 지킬 수 없음을 절감했다.

리더는 여유를 가져야 한다. 그래야 균형을 잡을 수 있고 더 넓고 깊이 볼 수 있다. 자신이 이룬 것을 객관적으로 돌아볼 필요가 있다. 그러지 않고 '더, 더, 더'를 외치며 몰아붙이다 보면 주변 사람들을 미치게 만들 수 있다. 실제로 나를 보고 '미친놈'이라고 표현한 코치들도 있었다. 너무 내 기준에 갇혀 있다 보니 공감대를 형성하지 못했던 것이다.

훗날 그 코치가 내 자리에 오게 되면 뒤늦게 공감할 수도 있다. 하지만 함께 일하는 당시에 이루는 공감대도 중요하다. 그때 나는 성공에 대한 절실함이 너무 강했기 때문에 모든 영역에서 끝을 봤다. 상사가 끝을 보려고 하니 구성원들은 힘들 수밖에 없었다.

'끝'이 아닌 '다음'을 위하여

결국 이 세계에서는 결과가 과정을 말해준다. 좋은 결과를 내기 위해서는 그에 걸맞은 과정이 필요하다. 하지만 그렇다고 해서 모든 노력이 항상 원하는 결과로 이어지는 것은 아니다. 때로는 최선을 다해도 원하는 결과를 얻지 못할 수도 있다. 그런 상황에서도 너무 몰아붙이지 않고 다음을 위해 에너지를 아끼는 지혜가 필요하다. 최선을 다했다면 결과에 미련을 두지 않고 다음 도전을 위해 자신과 팀의 건강을 지키는 것. 그것이 장기적으로 성공하는 길이다.

나는 더 이상 완벽을 추구하지 않는다. 때로는 내가 생각하는 완벽이 실제로는 완벽하지 않을 수도 있고, 애초에 그런 완벽을 추구할 필요조차 없을 수도 있다. 모든 과정을 통제하려는 집착은 결국 나를 무너뜨렸고 뼈아픈 실패로 내몰았지만, 그것은 끝이 아니라 방향을 바꾸라는 신호였다.

나는 여전히 최선을 다할 것이다. 하지만 그 결과가 뜻대로 도지 않더라도 이제는 받아들일 수 있다. 중요한 건 그 안에서 나를 잃지 않는 일, 그리고 다시 일어설 수 있는 힘을 남겨두는 일이다

결국 결과가 모든 것을 말해준다. 하지만 그 결과는 하루아침에 만들어진 것이 아니다. 내가 걸어온 수많은 날들의 과정이, 나의 선택이, 나의 태도가 지금의 나를 증명하고 있다. 그러니 어떤 결과도 끝은 아니다. 그것 또한 인생이 향해가는 더 큰 결과의 한 과정인 것이다. 어쩌면 인생의 결과와 과정은 처음부터 하나였는지도 모른다.

...

**나는 더 이상 완벽을 추구하지 않는다.
모든 과정을 통제하려는 집착은 결국 나를 무너뜨렸고,
뼈아픈 실패로 내몰았지만, 그것은 끝이 아니라
방향을 바꾸라는 신호였다.**

5장

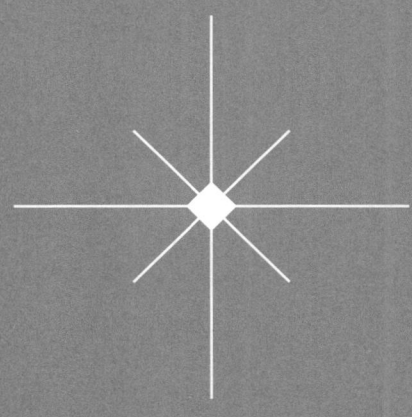

최고의 순간은 어떻게 만들어지는가

성공은 최종 목표가 아니며,
실패는 치명적이지 않다.
중요한 것은 계속할 용기이다.
_윈스턴 처칠

우승을 위해
돌아오다

'우승 없는 우승 청부사'

"독이 든 성배."

야구계에서는 LG 트윈스 감독 자리를 그렇게 불렀다. 90년대 '신바람 야구'로 시대를 풍미했던 명문 구단이지만, 21세기 들어 10년 연속 포스트시즌 진출에 실패하며 많은 조롱을 받았다. 이후 절치부심하여 가을야구 단골손님으로 거듭났지만, 여전히 우승과는 거리가 멀다고 느껴지는 팀이었다.

그 암흑기의 한가운데에 내가 있었다. 운영팀장으로, 수비코치로, 몇몇 사람들에 의하면 팀을 망친 원흉이자 팀을 좌지우지하는 권력의 핵심 그리고 모든 '정치질'의 흑막으로.

성적 부진에 대한 책임을 지고 팀을 떠나긴 했지만, 내게 LG 트윈스는 아픈 손가락과도 같았다. 언제고 돌아와 LG가 다시 위대한 팀이 되는 데 보탬이 되고픈 마음이 있었다.

그리고 그런 기회가 찾아왔다.

원래는 차명석 단장에게 2군 육성 총괄을 맡아달라는 제안을 받고 이야기가 진행되던 중이었다. 그러던 어느 날, 구본능 구단주 대행에게서 전화가 걸려왔다.

"자네가 하소. 염 감독이 하소."

"예?"

"그냥 감독 하소."

전화는 그렇게 끊겼다. 예상치 못한 제안에 얼떨떨했다. 다음 날 김인석 사장에게 구단의 뜻을 듣고 바로 계약서에 사인했다.

"감독님은 좋은 일과 나쁜 일을 다 경험했죠. 그 점에 오히려 기대하고 있습니다. 감독님이 가진 비전이라면 LG가 우승에 가까워질 수 있다고 생각합니다."

2022년 LG 트윈스는 87승을 거두며 팀 최다승 기록을 갈아치웠다. 그 어느 때보다도 우승에 가까웠던 시즌. 그러나 88승을 올리며 '와이어 투 와이어' 우승(시즌 시작부터 끝까지 한 팀이 1위를 유지하고 차지하는 우승)을 달성한 SSG에 밀려 정규시즌 2위에 머물렸고, 이어진 포스트시즌에서는 3위 키움에 업셋을 당하며 한국시리즈 진출에도 실패했다. 당연히 팬들의 실망도 컸다. 그런 LG 트윈스의 다음 감독이 된다는 건 반드시 '우승 감독'이 되어야 한다는 뜻이었다.

사람들은 나를 가리켜 '우승 없는 우승 청부사'라고 했다. 넥센에서는 꼴찌에서 준우승까지 팀을 끌어올렸고, SK에서는 단장으로 우승을 경험했지만, 정작 감독으로서 우승 트로피를 들어본 적은 없었다. 그러니 그건 내가 감내해야 하는 말이었다. 이제까지는 전혀 틀린 말도 아니었다. 이제부터 그것을 틀린 말로 바꾸는 것이 내 과제가 되었다.

LG 트윈스의 감독이 되는 것은 커다란 영광이지만, 그만큼 무거운 일이었다. 하지만 나는 상관하지 않았다. 내게 필요한 것도 우승이었으니까. 우승할 생각이 아니었다면 다시 감독을 맡지도 않았을 것이다.

—

조직에는 분명한 색깔이 필요하다

팀에 합류해서 처음 눈에 띈 것은 젊은 선수가 많다는 점이었다. 이것은 내게 큰 즐거움이었다. 어린 선수들은 아직 페이지가 차워지지 않았기 때문에 변화를 받아들이기가 훨씬 쉽다. 새로운 것을 심어주기에 좋은 토양이었다.

"이 어린 선수들에게 어떤 동기부여를 주면서 즐겁고 행복하게 하나하나 채워나갈까?"

이 질문이 내 머릿속을 맴돌았다. 동시에 베테랑 선수들을 통해 어떻게 팀 문화를 만들어갈지도 생각했다. 고참 선수들에게는 단순히 경기에서 좋은 성적을 내는 것 이상의 책임감을 부여해야 했다. 마침 내가 스카우터 시절 지명했던 오지환이 어느새 성장해 팀의 든든한 주장을 맡아주고 있었다. 마치 모든 것이 바로 지금을 위한 준비였던 것처럼.

가장 시급한 것은 LG 트윈스라는 팀에 분명한 색깔을 입히는 일이었다. 구성은 갖춰져 있었다. 중간투수들도 괜찮고 타자들도 괜찮았지만, 이 팀만의 특별한 장점이 명확하지 않았다. 그냥 다 어느 정도 수준에 올라와 있는 팀이었다.

내가 생각하는 좋은 팀은 상대가 "이 팀하고 시합하면 정말 까다롭다"라고 평가하는 팀이다. 또는 "이 팀은 폭발적이진 않지만 굉장히 조직적이다" 같은 평가를 받는 팀이다. 이런 평가는 그 조직의 색깔을 보여준다. 무색무취한 조직은 결코 성공할 수 없다.

넥센과 달리 LG의 주축은 고액 연봉을 받는 베테랑들이었다. 한국 무대에서 정점을 찍은 스타 플레이어들. 하지만 이런 선수들이 슬럼프에 빠지면 라인업 조정도 쉽지 않다. 자신만의 스타일이 이미 굳어져 있기 때문에 변화에 저항하기도 한다. 하지만 팀의 색깔을 만들고 정체성을 구축하기 위해서는 이들의 협조가 절대적으로 필요하다.

경험 많은 선수들은 감독의 말을 그냥 따르지 않는다. 무슨 이야기를 하든 '이 사람이 제대로 알고 있나?' 의심부터 한다. 그래서 우선은 '왜' 변화가 필요한지 구체적으로 설명했고, 이때 그들의 상황과 고민, 야구관을 고려해서 신중하게 접근했다. 처음에는 의구심을 보이던 선수들도 조금씩 변화에 따른 결과가 나타나기 시작하자 내 방식을 받아들이기 시작했다.

신인 시절, 임찬규는 150킬로미터가 넘는 강속구를 던지는 투수였다. 부상으로 구속이 떨어지며 투구 스타일을 바꿔야 했지만, 내가 부임했을 당시 계속 구속과 씨름하고 있었다. 나는 딱 한마디를 했다.

"찬규야, 스피드하고 안 싸웠으면 좋겠다."

커브와 체인지업의 구종 가치가 나쁘지 않았다.

"두 구종을 살리면서 편안하게 140을 던지면 150의 효과를 발휘할 수 있어. 줄어든 구속은 네 제구와 완급 조절로 충분히 커버할 수 있고. 강요하진 않겠지만, 그러면 성공할 확률이 훨씬 더 높아지지 않을까?"

구속에 대한 집착을 버리고 변화구를 다듬을 것, 타자들을 열심히 연구해 피칭에 자기만의 색깔을 입힐 것을 주문했다.

"유희관은 130으로도 좌타자 몸쪽 승부를 하는데 네가 140 공

으로도 몸쪽을 못 던지면 자신이 없어서 그런 것 아니야? 걱정하지 마. 책임은 감독인 내가 질게."

임찬규는 내 제안을 받아들여줬다. '생각'을 바꾼 것이다. 나는 한 번도 구속에 대해 이야기하지 않았다. 아예 전광판을 안 봤다. 기교파 투수로 변신에 성공한 임찬규는 비로소 자신에게 맞는 옷을 입고 명실상부한 에이스가 되어 팀을 우승으로 이끌었다. 그 과정에서 투수조 조장으로 탁월한 리더십도 보여주었다.

고참들의 신뢰를 얻는 게 끝이 되어서는 안 된다. 그건 단지 시작일 뿐이다. 강한 조직이 되기 위해서는 구성원 하나하나가 자기 역할을 가지고 그것에 맞게 유동적으로 움직임으로써 팀이 하나로 맞물려 돌아가야 한다. 고참은 고참대로의 역할, 중고참은 중고참의 역할, 신인은 신인의 역할이 있다. 리더는 각각에게 정확한 역할과 책임을 부여하고, 그에 걸맞는 존중과 대우를 해주어야 한다.

두려움과 망설임이라는 벽

나아가 리더로서 나는 팀에 비전을 제시할 의무가 있었다. 팀이 가진 장단점을 냉철하게 분석했다. 기본기는 이미 갖추고 있었다. 그렇다면 이 팀에게 필요한 것은 무엇일까. 결론은 '두려움 극복'이었다.

　LG는 지난 시즌 우승할 수 있는 찬스를 놓쳤다. '코앞'에서 놓쳤다고 말하고 싶지만, 정말 '한끗'이 부족했던 정규시즌과 달리 포스트시즌에서는 제대로 힘 한 번 써보지 못하고 미끄러지고 말았다. 전력은 충분했다. 그렇다면 왜 마지막 순간에 주저앉고 말았을까?

　마음속에 자리잡은 '두려움' 때문이었다.

　모의고사에서 매번 좋은 성적을 올리지만, 막상 본시험을 보면 망치는 학생들이 있다. 재수, 삼수를 거듭하더라도 그런 경향은 쉽게 사라지지 않는다. 오히려 더 심해지기도 한다. 이때 근본적인 문제 해결은 공부를 더 많이 하는 것이 아니라 실패에 대한 두려움을 극복하는 것이다.

　LG 트윈스도 마찬가지였다. 시즌 내내 좋은 성적을 내다가도 가을이 되면 흔들리는 모습은 체력이나 기술의 문제가 아니라 심리의 문제였다. 그리고 실패가 누적될수록 실패에 대한 두려움도 덩달아 커졌다.

　아무리 준비해도 마지막 순간에 몸이 굳어버리는, 스스로 무너지는 두려움. LG 트윈스는 그 두려움을 오랫동안 어깨에 짊어지고 있었다. 그렇게 10년의 암흑기를 보내야 했고, 그렇게 29년 동안 무관의 세월을 보내야 했다. 악순환을 끊어야 했다.

　"두려움과 망설임은 나의 최고의 적이다."

나는 그렇게 천명했다. 라커룸과 통로 곳곳에 이런 문구를 써 붙였다. 선수들이 매일 오가며 마음에 새길 수 있도록 말이다. 그리고 LG 트윈스의 우승에 필요한 세 가지 키워드를 정했다.

첫째, 기본기. 기본기는 결국 디테일이다. 작은 것 하나하나에 디테일하게 접근한다.

둘째, 동기부여. 선수들이 정말 승리하고 싶다는 마음을 갖게 한다.

셋째, 긍정적인 생각. 실패를 두려워하지 않는 마인드를 심어준다.

이 세 가지만 갖춰진다면 충분히 우승할 수 있다고 확신했다. 그리고 나의 확신은 틀리지 않았다. 우리 팀은 29년 만에 우승을 차지했다. 그리고 나는 '우승 없는 우승 청부사'에서 마침내 '우승 감독'이 되었다.

두려움을 넘어, 우리는 비로소 우리 자신이 되었다.

...

실패가 누적될수록 두려움도 커졌다.
악순환을 끊어야 했다.
"두려움과 망설임의 나의 최고의 적이다."
나는 그렇게 천명했다.

포커페이스를
버리기로 했다

포커페이스는 감독 염경엽의 트레이드 마크였다. 앞서거니 뒤서 거니 하는 팽팽한 승부든, 터무니없이 밀리는 경기든, 짜릿한 끝내기로 승리가 확정되는 순간이든 나는 표정을 바꾸지 않았다. 감독의 표정 변화가 선수들에게 영향을 미친다고 생각했기 때문이다. 야구는 멘탈 게임이고, 멘탈 게임의 핵심은 마음의 평정이다. 감독이 흔들리면 벤치가 흔들리고, 벤치가 흔들리면 그라운드가 흔들린다. 속은 어떻든 적어도 겉으로는 평정을 지키는 척이라도 해야 한다는 게 내 믿음이었다.

하지만 포커페이스가 타들어가는 마음까지 막을 수 있는 건 아니다. 시간과 함께 내 안에 점점 독이 쌓여갔다. 그리고 그것이 임계점을 넘는 순간 야구장에서 쓰러지고 만 것이다. 막다른 골목이었다. 그때는 정말 이게 끝인가 싶었다. 같은 실패를 하지 않기 위해 수없이 곱씹었다. 그 과정에서 도달한 결론은 의외로 단순했다.

사람은 자연스러워야 한다는 것.

건강하려면, 나아가 건강하게 소통하려면 자연스러워야 한다. 내가 아무리 표정 관리에 신경 쓴다 한들 선수들은 이미 다 알고 있다. 공기로 선수들은 감독의 마음을 짐작한다. 입장을 바꿔 생각해보면, 답답한 노릇이다. 도무지 무슨 생각을 하는지 알 수 없는 상사를 바라보는 직원들은 차라리 속 시원히 화를 내지 싶을 것이다. 결국 경기에 집중해야 할 선수들을 눈치 보게 만드는 꼴이다. 한마디로, 불통이었다.

나는 포커페이스를 버리기로 했다.

자연스러운 소통의 힘

다시 감독으로 부임하면서 이번에는 화가 나면 화를 내고 기쁘면 환하게 웃겠다고 마음먹었다. 그래야 자연스러운 소통이 가능하다고, 그래야 더 나은 팀이 될 거라고 생각했다. 무엇보다, 그래야 내가 살 것 같았다.

과거의 나는 늘 자제하고, 참고, 억눌렀다. 이제는 다르다. 더그아웃에서 화가 나면 표정으로 드러내고, 기분이 좋으면 활짝 웃는다. 홈런이 터지면 주먹을 불끈 쥐고 기뻐하고, 실책이 나오면 찡그리고 욕도 했다(중계 화면에 잡힌 후로 욕은 자제하고 있다). 처음에는 어색했다. 굳어버린 습관을 하루아침에 바꾸는 게 어디 쉬운가. 그러나 점차 자연스러워졌고, 이내 선수들도 내 변화를 알아차렸다.

"감독님, 요즘 표정이 많이 좋아지셨어요."

선수들 역시 편안해지는 게 확연히 느껴졌다. 내가 기분 좋게 웃으면 선수들도 덩달아 웃고, 내가 미간을 찌푸리면 정신을 바짝 차렸다. 비언어적 소통이라는 것은 생각보다 훨씬 더 효과적이고 강력했다.

이는 단순한 감정 표현의 변화가 아니라 리더십의 변화였다. 포커페이스를 유지하던 시절의 나는 불필요한 에너지를 감정 억제에 낭비하고 있었다. 하지만 지금의 나는 그 에너지를 온전히 경기에, 선수들에게 쏟을 수 있게 되었다.

더불어 퇴근 후 삶에도 변화를 주었다. 예전에는 집에 돌아와도 정신은 여전히 야구장에 있었다. 컴퓨터로 선수들의 영상을 보거나, 머릿속으로 다음 경기를 준비하면서 야구 생각을 놓지 못했다. 당연히 가족과의 시간은 형식적일 수밖에 없었고, 진정한 휴식도 없었다.

이제 집에서만큼은 일하지 않기로 했다. 어차피 하루 중 야구장에 있는 시간이 압도적으로 길다. 집에 있는 그 짧은 시간만큼은 온전히 가족에게 집중하자 싶었다. 그동안 가족들도 충분히 마음고생을 했다.

시즌 동안 경기를 마치고 집에 돌아가면 야구를 잊으려고 노력했다. 퇴근할 때 내일 타순까지 다 짜놓고 감독실을 나선다. 집에 가서도 "하이라이트 틀지 마. 나 다 보고 왔어"라고 못 박는다. 물론 아직 완벽하게 성공하지는 못했다.

선수들에게도 조언했다. "야구장 밖에서의 시간도 중요하다. 가족과 함께하는 시간, 자기만의 시간을 가져라. 그래야 야구장에서 더 집중할 수 있다." 야구로 성공하기 위해서는 야구에 맞춰진 삶을 살아야 한다. 하지만 어느 때라도 소중한 사람들을 위한 자리는 비워둬야 한다. 그래야 오래 할 수 있다.

―

하이파이브가 즐거워졌다

어릴 때부터 주변에 사람들이 잘 모였다. 원체 놀기를 좋아했어서 그런 것도 있겠지만, 지금 생각해보면 그 원동력은 '배려'였던 것 같다. 항상 무리의 중심에 있었지만, 결코 자기중심적으로 군 적은 없다. 오히려 다른 사람을 챙겨주고, 내가 가진 것을 나눠주는 게 더 좋았다.

팀의 리더로서 카리스마를 갖는 것도 좋지만, 나는 배려로써 팀을 화합시키고 싶다. 매일 아침 선수들이 새로운 하루를 기대하며 설레는 마음으로 출근하게 만들고 싶다. 야구는 분명 직업이지만, 그 안에 재미가 있어야 한다. 재미가 없으면 창의도, 열정도 사라진다.

그래서 최소한 존재 자체만으로 구성원을 괴롭게 만드는 리더는 절대 되지 않겠다고 다짐했다. 내가 사무실에 나갔을 때 "저 XX 왔네…"가 아니라, 반갑게 말 걸고 싶어지는 분위기를 만들기 위해 노력해왔다. 얼마나 성공했는지는 내가 말할 수 있는 부분이 아니겠지만.

고참 선수들에게도 더그아웃 분위기의 중요성을 강조했다. 주장과 팀 매니저를 통해 더그아웃 분위기를 체크하는 동시에 선수 개개인과의 면담을 통해서 더 많은 이야기를 들으려 했다. 내게 궁금한 것이 있거나 할 말이 있는 선수들은 언제든 나를 찾아오라고 했다. 찾아오는 선수들에겐 최대한 이해할 수 있게 설명해줬다. 그래야 괜한 오해로 팀 분위기를 저해하지 않는다.

물론 하루이틀 만에 가능한 일은 아니었다. 그러나 변화는 분명했다. 이전까지 LG 트윈스는 '무거운' 팀이었다. 눈에 보이지 않는 무언가에 짓눌려 있는 듯한 분위기였는데, 언젠가부터 선수들의 얼굴에서 즐거움이 느껴졌다. 출근길이 즐거워진 것이다.

팀 분위기의 변화는 경기력에도 긍정적인 영향을 미쳤다. 선수들은 더 자유롭게 자신의 능력을 발휘했고, 홈런을 치고 더그아웃에 돌아와 하이파이브를 가장해 내 손바닥을 후려치며 즐거워했다. 무엇보다, 선수들은 더 이상 실수를 두려워하지 않게 되었다.

때로는 가장 단순한 변화가 가장 큰 변화를 이끈다. 나는 포커페이스를 버리고 나 자신을 받아들였다. 그리고 그런 과정을 가까운 곳에서 지켜본 선수들 역시 나를, 나아가 그들 자신을 받아들이게 된 게 아닐까.

리더가 스스로를 속이지 않을 때 팀도 자신을 속이지 않는다. 그렇게 우리는 서로를 좀 더 믿게 되었다.

...

**야구는 분명 직업이지만, 그 안에 재미가 있어야 한다.
재미가 없으면 창의도, 열정도 사라진다.
내가 포커페이스를 버린 것은
팀 전체에 새로운 활력을 불어넣기 위한 선택이었다.**

달리는 야구의 이유

도루 실패율 1위와 맞바꾼 것

2023년 우리 팀은 KBO 리그에서 가장 많은 도루를 시도했다. 267번의 시도, 166번의 성공. 성공률은 62.2퍼센트로 리그 최하위였다. '자살 야구', '무모한 야구'라는 비난이 끊이지 않았다. "무리한 주루로 경기를 망치고 있다"라는 말도 들었다. 그러나 우리 팀에겐 지금 당장의 성공률보다 더 중요한 것이 있었다.

    나는 이례적으로 선수 전원에게 '그린 라이트'를 줬다. 그리고 분명히 말했다.

"도루 실패에 대해서는 평가에 반영하지 않겠다. 누구든 기회가 오면 뛰어라."

단순히 성공률이나 승패만을 생각했다면, 그런 지시는 절대 내릴 수 없었을 것이다. 하지만 나는 다른 것을 보고 있었다.

첫째는 두려움을 깨는 것이었다. 실패를 두려워하지 않는 조직 문화를 만들어야 했다. 도루를 시도하는 행위 자체가 실패를 감수하고 승부를 걸겠다는 의지의 표현이다. 이 작은 도전을 통해 선수들이 몸으로 체득하기를 바랐다. 많이 뛰면서 많이 죽어봐야 느끼는 게 있다. 그렇게 결정적인 순간에 망설이지 않는 선수를 만들고 싶었다. 비록 팀은 그날 경기에서 질 수도 있겠지만 도루 실패 속에서 팀도, 선수도 얻는 게 분명 있다.

둘째는 미래를 대비하기 위해서였다. 이미 메이저리그에서는 견제 제한 규정이 도입되면서 도루가 폭발적으로 증가할 것이 예상되었다. 실제로 2022년 메이저리그 전체 도루 수는 2,487개였지만, 2023년에는 3,501개로 1.4배나 늘었다. KBO 리그도 머지않아 같은 변화를 겪게 될 것이라고 확신했다. 준비하지 않으면 뒤처진다. 준비하면 앞서 나갈 수 있다.

애초에 잠실야구장처럼 외야 펜스까지 거리가 먼 구장에서 '발야구'는 필수다. 여기에 더해 다른 계산도 있었다. 도루는 75퍼센트 이상의 성공률을 기록할 때 이득이라는 게 통념이다. 직전 해 KBO 전체 도루 성공률이 약 70퍼센트였다. 하지만 나는 65퍼센트를 손익분기점으로 정했다. 나머지 10퍼센트는 다른 부가적인 영역에서 효과를 찾을 수 있다고 생각했다. 이를테면, 누상의 주자가 누구든 뛸 수 있다는 메시지를 주면 상대 배터리는 타자와의 승부에 집중하기 어려워진다. 내야수들 또한 움직임이 꼬이기 쉽다. 그 혼란을 틈타 한 점을 더 얻을 수 있다.

한 점 차로 지고 있을 때 뒤집는 힘, 비기고 있을 때 한 점을 뽑아서 이기는 힘, 한 점 차로 이기고 있을 때 지키는 힘. 그게 결국 승부를 가른다. 꼴등도 3분의 1은 이기고, 1등도 3분의 1은 지는 게 야구다. 나머지 3분의 1이 순위를 결정짓는다. 한 점 차 승부에서 이길 수 있어야 다음이 있다. 강팀과 약팀은 한 점 차 승부에서 갈린다는 게 내 생각이다.

이때 가장 중요한 것은 선수들의 집중력이다. '빨리 끝나라'라는 마음을 먹는 팀과 '이겨야 한다'라는 마음을 먹는 팀은 엄청난 승패 차이가 있다. 나는 한 점 차 승부를 대하는 방식이 경기를 좌우한다고 믿고, 그런 마음가짐을 리더가 강조하는가 역시 큰 차이를 만든다고 생각한다.

물론 도루 성공률을 끌어올리기 위해서도 최선을 다했다. 스프링캠프에서는 드론을 띄워 선수들의 주루 경로를 촬영하고, 스피드 센서와 타임 체크기를 활용해 실시간으로 데이터를 확인했다. 한 걸음이라도 더 빠르고 정확하게 스타트를 끊을 수 있도록 끊임없이 연습하고 교정했다.

그 결과, 2024시즌에는 도루 성공률이 68.4퍼센트로 소폭 상승했다. 여전히 리그 하위권이었지만, LG는 기회만 있으면 뛰는 팀이라는 이미지를 상대에게 심어주기에는 충분했다.

2025시즌에는 반대로 도루 시도를 대폭 줄였다. 과감한 도루 시도를 통해 선수 내면의 두려움을 깨고 상대팀에 경계심을 준다는 목표를 이미 이루었기에, 이제는 성공률에 포커스를 맞출 때가 되었다는 판단이었다. 전략은 상황에 따라 유연하게 변한다.

두려움 없는 조직

인생을 살면서 두려움과 망설임이 어찌 없겠나. 하지만 결정적인 순간에는 그것을 떨쳐낼 수 있어야 한다. 야구는 더 그렇다. 결정적인 순간에 승부할 수 있어야 한다. 그런 담대함은 하루아침에 만들어지지 않는다. 반복된 도전과 실패를 통해 다져진다. 그렇게 '이기는 습관'을 만들어가야 한다.

'달리는 야구'는 단순한 전술적 변화가 아니었다. 그것은 팀 전체의 정신을 바꿔놓는 작업이었다. 누상에 주자가 끊임없이 움직이자 타자들은 더 집중했다. 득점 루트도 다양해졌다. 홈런이 없는 경기에서도 발로 점수를 만들어낼 수 있었다. 무엇보다, 달리는 야구는 우리 팀에 하나의 메시지를 심어주었다.

"실패를 두려워하지 말고 도전하라."

2023년, LG 트윈스는 정규시즌 86승을 기록하며 구단 역사상 두 번째로 많은 승리를 거두었다. 그중 42번이 역전승이었다. 패배가 확실해 보이는 순간에도 우리는 포기하지 않았다. 끝까지 달려들었고, 끝까지 싸웠다. 실패를 두려워하지 않는 문화가 만들어낸 결과였다.

실패를 경험하는 것은 중요하다. 하지만 '어떻게' 경험하는지가 더 중요하다. 선수들 저마다 실패에서 느끼는 감정, 대처하는 방법에 엄청난 차이가 있다. 리더는 그 차이를 알아야 한다.

분명히 능력을 가지고 있는데 압박감을 이기지 못해 제 실력을 발휘하지 못하는 선수들이 있다. 그런 선수를 다독여서 잠재력을 끌어내는 것도 리더의 역할이다. 단순히 성적이나 신체 조건만이 아닌 성향과 성격, 성장 배경을 파악하는 것이 중요한 이유다.

선수들은 크게 세 가지 유형으로 나뉜다. 첫 번째는 '강한 자극형'이다. 이들은 질책을 받을 때 오히려 오기가 생긴다. '어디 두고 보자' 하는 마음으로 더 열심히 뛴다. 이런 유형은 때로 강한 자극이 필요하다.

두 번째는 '균형형'이다. 이들은 상황에 따라 달라진다. 컨디션이 좋을 때는 강한 자극을 받아도 잘 이겨내지만, 약해져 있을 때는 부드러운 격려가 더 효과적이다. 이런 유형은 리더가 세심하게 상태를 체크해야 한다.

세 번째는 '격려형'이다. 이들은 실패를 크게 받아들인다. 한번 무너지면 스스로를 쉽게 일으켜 세우지 못한다. 이런 선수에게는 질책이 아니라 칭찬과 격려가 필요하다. 칭찬을 통해 자신감을 채워줘야 기량이 제대로 나온다.

이 차이를 알고, 맞춤형으로 접근해야 한다. 같은 질책도 상대와 방식에 따라 결과가 완전히 달라진다. 리더십에서 가장 큰 실패는 구성원들의 도전 정신을 꺾는 것이다.

계속 도루를 시도하고 계속 실패하면서, 우리는 수많은 욕을 먹었다. 내부에서도 말이 들려왔다. 전혀 흔들리지 않았다고 하면 거짓말일 것이다. 선발, 불펜이 다 무너지면서 잠 못 이루는 시기도 있었다. 그때 오히려 선수들이 내게 자신감을 줬다. 어느 순간 모두가 하나로 뭉쳐 그야말로 '날아다니기' 시작했다. 도전적이고 긍정적인 마인드가 눈에 보였다. 그 모습이 '우리는 분명 변하고 있다. 더 밀어붙여도 된다'라는 확신을 줬다. 그래서 끝내는 흔들리지 않을 수 있었다. 단기적으로는 점수 몇 점을 잃을지 몰라도, 장기적으로는 더 많은 승리를 가져다줄 것이라는 믿음을 굳혔다. 그리고 결국, 그 믿음은 시간이 지나 증명되었다.

그리고 한 가지 정말 고마운 점이 있다. 김인석 사장과 차명석 단장 모두 '뛰는 야구'를 두고 내게 한 번도 제동을 걸지 않았다. 분명 의아했을 것이다. 하지만 묻지 않고, 간섭하지 않고, 믿어주었다. LG 트윈스라는 조직이 가진 힘이라고 생각한다.

실패하지 않는 조직은 없다. 하지만 실패를 두려워하지 않는 조직은 가능하다. 리더가 실패를 두려워하지 않을 때, 팀도 실패를 두려워하지 않는다. 그런 팀만이 마지막까지 살아남는다.

...

'달리는 야구'는 단순한 전술적 변화가 아니었다.
그것은 팀 전체의 정신을 바꿔놓는 작업이었다.
달리는 야구는 우리 팀에 하나의 메시지를 심어주었다.
"실패를 두려워하지 말고 도전하라."

준비된 자에게
위기는 기회다

위기는 예고 없이 온다. 대부분의 사람은 그 순간 두려움과 망설임에 빠진다. 나 역시 실패한 시즌마다 똑같은 벽을 마주했다. 하지만 위기는 기회의 다른 얼굴이다.

   90퍼센트의 사람들이 부정적인 생각에 빠질 때 끝까지 긍정을 붙드는 10퍼센트가 있다. 나는 늘 그 10퍼센트 안에 남고자 했다. 그래서 내 야구는 '1할의 경영'에서 시작한다. '열에 한 번은 맞겠지' 하는 식의 낙관이 아니다. 절망이 밀려오는 순간에도 묵묵히 해낼 방법을 찾는 자세, 닥치기 마련인 위기의 순간에 한 번은 솟아날 구멍을 열 가지 준비하는 집요함. 그것이 내가 말하는 1할의 경영이다.

1할의 경영, 운을 준비한다

2023시즌이 시작되고 얼마 지나지 않은 4월, 플랜 A가 완전히 무너졌다. 유격수 오지환이 이탈했고, 외국인 선발 켈리는 부진했다. 믿었던 국내 선발 김윤식, 이민호, 강효종도 흔들렸다. 마무리 고우석까지 부상으로 빠지고, 정우영과 이정용도 예년만 못했다. 선발 4명과 승리조 3명, 팀의 뼈대가 한꺼번에 무너졌다. 부정적으로 보자면 '끝났다'고 생각할 수 있을 정도의 위기였다. 하지만 나는 곧바로 플랜 B를 가동시켰다.

이후 5월 한 달 동안 LG 트윈스는 16승 1무 6패를 기록했다. 월간 승률 0.727의 리그 1위. 누구도, 어쩌면 나조차도 예상하지 못한 반전이었다. 플랜 A가 무너진 자리에서 플랜 B가 성공한 것이다. 정확히 말하면, 여러 개의 플랜 B가 동시에 작동했다. 그리고 그 중심에는 흔들리지 않는 태도 하나가 있었다. 상황이 나빠질수록 나는 더 단순하게 생각하려 했다.

"할 수 있는 걸 하자. 이길 수 있는 경기만 잡자."

선택과 집중을 택했다. 컨디션이 좋은 플럿코나 임찬규가 선발로 나오는 날엔 총력전을 펼치고, 나머지 경기 중에는 타선이 터지는 날만 잡아내는 전략이었다. 현실적인 목표는 선발 한 턴 5경기 중 3승 2패. 그것만 지켜도 시즌은 망하지 않는다. 그렇게 위기를 견디기 시작했다.

그 과정에서 함덕주, 유영찬, 박명근, 백승현, 김진성의 새로운 필승조가 자리잡았다. 예정보다 빨리 돌아온 고우석이 합류하면서 마운드는 다시 안정을 되찾았다. 운이 좋았다고 말할 수도 있다. 하지만 그건 '준비된 운'이었다. 운은 하늘에서 뚝 떨어지는 게 아니라 준비된 사람에게만 잡히는 것이다. 그것이 진짜 실력이다.

나는 비시즌에 준비를 철저히 한다. 가령, 투수 파트는 선발, 중간, 마무리 및 부상 대비 전력을 시즌 전에 70퍼센트는 미리 구상해둔다. 스프링캠프 기간에 7~8선발을 준비해두고 시즌을 시작해야 한다. 1군 선발이 장기 및 단기 부상일 경우 중간을 선발로 기용하면 위험하다. 2군에서 컨디션이 좋은 선발을 올려야 한다. 그러려면 2군에서는 미리 계획을 가지고 투수들을 체크하며 대비하고 있어야 한다. 이런 시스템을 이용하면 2가지 효과가 있다. 2군 동기부여 및 육성에 유리하고, 1군 투수 운영에 큰 영향을 끼치지 않는다.

또 정규시즌의 80경기가 지나갈 즈음이면 어느 구단이나 투수 운영이 힘들어진다. 특히 중간계투진의 구위가 떨어지면서 고비가 꼭 온다. 그래서 레이스 후반은 타격이 강한 팀이 이기는 경기를 많이 한다. 그래서 비시즌에 작전 훈련을 열심히 해둔다. 타격은 항상 기복이 있기 마련이다. 타격감이 좋을 때는 타격으로 이기면 된다. 문제는 안 좋을 때다. 이때는 작전 성공률을 높여야 한다. 타격의 기본기인 번트와 히트앤런, 베이스러닝 능력이 잘 발휘되어야 팀 슬럼프를 빨리 극복할 수 있다. 성공률 100퍼센트를 목표로 하는 번트(푸시, 기습, 보내기, 페이크 앤 슬러시) 훈련이 필요하다. 훈련 없이는 경기에서 할 수 있는 게 아무것도 없다.

준비된 사람에게는 위기가 곧 기회다. 위기를 통해 새로운 선수가 등장한다. 내가 부임하기 전, 주전 외야수였던 이천웅이 부상으로 경기를 뛰지 못하는 위기 속에서 홍창기가 나왔다. 신민재도 마찬가지다. 발빠른 대주자 요원에 그쳤던 그에게서 다른 가능성을 보았고, 서건창이 부진할 때 바로 투입할 수 있도록 준비시켜뒀다. 그 결정이 시즌 중반 이후 LG의 내야를 지탱해주었다.

위기는 선수들을 한 단계 도약시키는 발판이 되기도 한다. 시즌 초반, 선발진의 한 축을 맡아주리라 기대했던 김윤식이 난조를 보였다. 나는 과감히 그를 1군 로테이션에서 제외한 뒤, 2군에서 경기를 뛰며 실전 감각을 되찾게 하는 보통의 방식 대신 기본부터 다지는 '여름 캠프'를 치르도록 했다.

무모한 결정이라고 말할지도 모른다. 선발 자원이 턱없이 부족한 상황에서 선발의 한 축을 맡은 선수를 3개월 동안 제외한다는 결정은 그만큼 이례적이었다. 하지만 '언젠가 반등하겠지' 같은 무책임한 낙관으로 끝까지 붙들고 돌리면 선수는 물론이고 시즌 전체가 무너진다. 시간을 두고 처음부터 점검할 수 있는 기회를 주는 것이 선수와 팀 전체를 위하는 길이었다. 결국 김윤식은 그 시간을 거쳐 다시 돌아왔고, 한국시리즈 4차전의 승리 투수가 되며 팀의 29년 만의 우승에 일조했다.

2025년 5월에는 홍창기가 수비 도중 무릎 부상을 입어 시즌아웃이 확실시되었다(다행히 빠른 회복력으로 9월에 복귀해 다시 활약해줬다). 통산 출루율 1위를 자랑하는 부동의 리드오프 없이 선두 다툼을 해야 하는 상황. 하지만 우리에게는 2군에서 담금질해온 송찬의가 있었다. 물론 아무리 준비를 해도 생각처럼 되지 않는 게 야구다. 송찬의가 기대만큼 보여주지 못하면서 고민에 빠졌으나, 신민재가 제대로 터졌다. 이 외에도 최원영을 올렸고, 신인 박관우를 올렸다. 그리고 7월부터는 구본혁에게 외야 수비 연습을 시켰다. 언제 어떤 상황이 올지 모르기 때문이다.

누구에게나 계획은 있다. 계획대로 되지 않을 때가 리더십이 필요한 순간이다. 이가 없으면 잇몸으로 버텨야 한다. 유사시를 대비해 잇몸을 항상 튼튼하게 유지하는 것이 리더의 일이다.

―

제자리로 돌아가는 힘

경기 흐름이 꼬이고 부상이 이어지고 연패가 길어지면 불안에 휩싸이기 쉽다. 사람이라면 어쩔 수 없다. 그런 불안 속에서 선수들은 지푸라기라도 잡는 심정으로 징크스를 만든다. 부진의 원인을 오늘 먹은 음식, 입은 속옷, 화장실 간 횟수 탓으로 돌린다. 불확실한 승부의 세계에서 버티기 위해서는 스스로 무언가를 통제하고 있다는 착각이 필요하기 때문이다.

그러나 필요한 것은 징크스가 아니다. 거창한 변화도 아니다. 두려움으로 굳은 몸을 움직이게 만드는 것은 결국 작고 단순한 행동이다. 루틴은 바로 그런 행동들의 연쇄다. 징크스가 미신이라면 루틴은 과학이다. 반복된 행동을 통해 자기 자신에 대한 통제력과 자신감을 구축하는 패턴이다. 맥없이 뽑히는 지푸라기가 아니라, 폭풍이 몰아치는 순간에도 뿌리를 내리고 버틸 수 있는 굳센 나무다. 나는 늘 선수들에게 루틴의 중요성을 강조하고 또 강조한다.

야구는 결국 멘탈이고, 흔들리지 않는 멘탈을 만드는 것이 루틴이다. 장기 레이스를 기복 없이 치르려면 자기만의 루틴이 있어야 한다. 루틴이 없는 타자들은 안 맞을 때 자꾸 이것저것 해보면서 고민만 늘린다. 야구 잘하는 사람들은 잘할 때는 물론이고 못할 때도 본인만의 루틴을 가져간다. 그것이 연속성을 만들어준다. 꾸준한 훈련 루틴을 가져가면 무너지는 걸 잡을 수 있다. 다시 원래의 자리로 돌아갈 수 있다는 뜻이다

자기에게 맞는 방법만 찾으면 된다. 그리고 그것을 반복하면 된다. 그러려면 무엇보다 자기 자신을 객관적으로 알아야 한다.

나만의 타격 이론이 중요하지, 트렌드는 그다음이다. 최형우를 보라. 20년 이상 통산 타율 3할대를 꾸준히 유지하는 훌륭한 타자다. 최형우의 타격은 큰 변화가 없다. 그렇다고 최형우가 하루에 천 개, 2천 개를 칠까? 아니다. 트렌드를 좇을까? 아니다. 정확하고 꾸준한 노력을 할 뿐이다. 즉, 자기만의 루틴을 반복하는 것이다. 확실한 자기 것이 있어야 트렌드도 소화할 수 있다.

야구는 매일매일의 스포츠다. 한순간의 반짝임보다 하루하루의 축적이 더 중요하다. 좋은 루틴과 성실한 준비가 위기의 순간에 진짜 힘을 발휘한다. 2023년 LG 트윈스는 누구보다 그것을 지켜왔다고 자부한다. 리그에서 가장 많은 42번의 역전승은 매일 반복한 루틴, 수없이 해왔던 준비, 쌓이고 쌓인 경험이 만든 당연한 결과였다.

그래서 나는 야구 시즌을 인생에 자주 비유한다. 잠깐 반짝이는 사람은 많다. 하지만 대부분의 사람들이 인생의 부침을 견디지 못하고 어느 순간 빛이 바라고 만다. 결국 마지막에 웃는 사람은 거듭된 위기나 외부의 비판에 흔들리지 않고 자신의 리듬과 원칙을 지켜온 사람이다.

시즌 144번의 경기를 모두 이길 수는 없다. 하지만 패배가 우리를 무너뜨리도록 둬서는 안 된다. 5연승보다 더 중요한 것은 2연패에서 어떻게 반응하느냐다. 한 번의 패배로 흔들리지 않고 다시 싸울 수 있는 힘을 낼 수 있으면 된다. 그것이 진짜 강팀이 갖춘 복원력이다.

긍정적인 생각이 좋은 루틴을 만들고, 좋은 루틴이 작은 승리를 만들며, 작은 승리가 모여 강팀을 만든다. 그것이 내가 '1할의 경영'을 이야기하는 이유다. 단순히 승률 이야기가 아니다. 위기의 순간, 대부분의 사람들이 부정적인 생각에 빠질 때 나는 긍정적인 생각을 지키겠다는 다짐이다. 단 10퍼센트의 가능성, 단 10퍼센트의 여유, 단 10퍼센트의 믿음. 그 작고 단단한 긍정이 결국 팀 전체를 다시 일으킨다.

좋지 않은 흐름도 받아들이고, 무너질 듯한 상황에서도 중심을 지킨다. 그리고 기회가 왔을 때는 반드시 잡는다. 운은 기다리는 것이 아니라 만들어가는 것이다. 매일 쌓인 작은 선택과 태도가 모여 결국 승리를 만든다. 그러니 오늘의 패배도 내일의 승리를 위한 작은 발판일 뿐이다.

...

**야구는 매일매일의 스포츠다.
한순간의 반짝임보다 하루하루의 축적이 더 중요하다.
좋은 루틴과 성실한 준비가 위기의 순간에
진짜 힘을 발휘한다.**

42번의 역전승이
남긴 것

―

2023년 10월 25일, 한국시리즈 2차전

내 야구 인생에서 가장 아찔했던 순간이자 가장 짜릿했던 승부. 그날의 기억은 지금도 생생하다.

한국시리즈에서는 보통 정규시즌 1위 팀이 유리하다고 한다. 그럴 만한 이유가 있다. 1위를 차지한 전력, 충분한 휴식으로 인한 체력적인 우위. 하지만 그만큼 부담도 크다. 첫 스텝을 잘못 내디디면 자칫 쫓기는 입장이 될 수 있다. 그리고 쫓기는 팀은 종종 무너진다.

2023년 한국시리즈는 그런 두려움이 현실이 될 뻔한 시리즈였다. 우리는 정규시즌 1위로 일찌감치 한국시리즈를 준비했지만, KT 위즈는 달랐다. 5월까지만 해도 리그 최하위를 기록하다가 무섭게 반등하며 정규시즌 2위에 올랐다. 그리고 와일드카드 결정전부터 4연승으로 올라온 NC 다이노스를 상대로 2연패 뒤 3연승의 대역전 드라마를 쓰며 한국시리즈에 진출했다. 기세가 하늘을 찌르고 있었다.

KT는 가장 늦게 창단한 KBO '막내 팀'이지만 이미 2021년에 우승을 경험했다. 22년 만에 한국시리즈에 진출해 29년 만의 우승을 노리는 우리와는 처지가 달랐다. 더구나 우리는 전년도 플레이오프에서 키움 히어로즈에게 업셋을 당한 아픈 기억이 남아 있었다. 그런 기억은 쉽게 지워지지 않는다.

1차전은 우리가 먼저 2점을 올리며 기분 좋게 시작했다. 이후 KT 위즈가 2득점 하며 2대 2 동점으로 팽팽하게 맞선 상황. 9회 초에 마운드에 오른 고우석이 배정대에게 볼넷을 내주고 문상철에게 2루타를 맞으며 결승점을 허용했다. 결국 7,667일 만의 한국시리즈 첫 경기를 그렇게 내줬다. 경기장에 가득 찼던 응원의 함성은 삽시간에 무거운 침묵으로 바뀌었다.

2차전이 그래서 더 중요했다. 역대 한국시리즈에서 1, 2차전을 모두 내준 팀이 우승한 경우는 단 두 번뿐이었다. 절대 밀려서는 안 되는 경기였다.

2차전 선발투수는 최원태였다. 시즌 중반, 우승을 위한 마지막 조각으로 팀 내 최고 유망주 중 하나였던 이주형을 내주고 영입한 선수다. 기대가 클 수밖에 없었다. 불펜 투구를 지켜본 투수코치도 최원태의 컨디션이 아주 좋다고 했다. 느낌이 좋았다.

하지만 경기가 시작되자마자 악몽이 펼쳐졌다. 최원태는 불펜에서와 달리 공을 제대로 던지지 못하고 그저 밀어넣고 있었다. 선두 타자를 스트레이트 볼넷으로 내보낸 후 연이어 안타, 볼넷을 내주며 순식간에 무사 만루가 되었다. 4번 타자 박병호가 친 땅볼을 홈에서 포스 아웃시키며 첫 번째 아웃카운트를 잡았지만, 곧바로 장성우에게 적시 2루타를 맞으며 2점을 허용했다.

뜻밖의 위기, 그러나 준비된 승부수

나는 즉시 투수 교체를 단행했다. 이미 불펜에서는 이정용이 몸을 풀고 있었다. 정규시즌이었다면 조금 더 지켜봤겠지만 지금은 아니었다. 1차전을 이미 내준 상황이었기에, 우리가 이길 수 있는 가장 빠른 선택을 해야 했다.

그것은 분명 모든 감독이 두려워하는 순간이었다. 하지만 동시에 우리 팀의 진짜 저력을 확인할 수 있는 순간이기도 했다. 2022년 플레이오프 2차전에서 LG 트윈스는 선발투수 교체

타이밍이 늦어 시리즈 전체를 내준 뼈아픈 경험이 있었다. 나와 코칭스태프는 시리즈 시작 전부터 이미 이런 상황을 대비했다.

두 번째 투수 이정용이 올라와 적시타를 맞으며 4점째를 내줬다. 하지만 거기서 막는다면 충분히 쫓아갈 수 있다고 생각했다. 그래서 우리가 가진 모든 투수진을 쏟아부었다.

1회에 이어 이정용이 2회를 막았고 정우영, 김진성, 백승현, 유영찬, 함덕주, 고우석이 차례로 마운드를 밟았다.

특히 첫 풀타임 시즌을 치른 유영찬의 활약이 눈부셨다. 5회 초, 2사 1, 2루의 위기 상황에서 마운드를 이어받아 단 한 명의 출루도 허용하지 않고 7명의 타자를 잡았다. 몸 상태가 좋지 않았던 함덕주도 8회를 깔끔하게 막았다.

그 사이 우리 타선은 1점씩 따라붙으며 끈질기게 쫓아갔다. 그리고 약속의 8회, 박동원이 극적인 2점 홈런을 터뜨리며 5대 4로 역전에 성공했다. 경기장이 들썩였다. 선수들 사이에서 '할 수 있다'는 확신이 들불처럼 번지는 게 느껴졌다. 그 순간 나는 직감했다. '이 경기를 잡으면 시리즈를 잡을 수 있다.' 심장이 뛰었다.

그리고 9회 초, 마무리 고우석이 마운드에 올랐다. 전날의 패배로 흔들렸을 수도 있지만, 누가 뭐래도 우리 팀의 마무리였다. 고우석은 당당한 눈빛으로 공을 던졌고, 삼진 두 개와 내야 땅볼로 완벽히 경기를 끝냈다. 스스로 그 자리에 설 자격이 있음을 증명한 순간이었다.

할 수 있다는 믿음의 공동체

LG 트윈스의 7,670일 만의 한국시리즈 승리이자 내 감독 인생 최고의 경기였다.

단순한 1승이 아니었다. 자칫 넘어갈 뻔했던 시리즈 전체의 기운을 우리 쪽으로 되찾아 왔고, 젊은 선수들이 주축이었던 불펜진에 '한국시리즈에서도 내 공이 통한다'라는 자신감을 주었으며, 상대팀인 KT에게도 'LG는 상대하기 까다로운 팀'이라는 이미지를 확실하게 각인시켰다.

그렇게 만들어진 좋은 기운은 3차전으로 이어졌다. '할 수 있다'는 믿음이 선수들 마음에도, 팬들 마음에도 자리잡았다. 그리고 그 믿음은 그대로 이루어졌다.

5대 4로 앞서고 있던 8회 말. 1번 타자부터 시작하는 KT의 타선을 상대하기 위해 마무리 고우석을 조기 투입하는 강수를 두었다. 그러나 선두타자 배정대에게 안타를 허용하고 황재균에게 적시 2루타를 맞으며 5대 5 동점이 되었다. 그리고 곧바로 박병호가 좌측 담장을 넘기는 투런포를 날리며 5대 7로 경기는 뒤집어졌다.

예전 같으면 여기서 무너졌을지도 모른다. 하지만 2023년의 LG 트윈스는 확실히 달랐다. 우리에게는 가장 최악의 시나리오가 실현됐던 2차전을 뒤집은 끈기와 자신감이 있었다.

9회 초, 아웃카운트 단 하나만을 남겨놓은 상황에서 오지환이 우측 담장으로 극적인 역전 3점 홈런을 날리며 8대 7로 재역전에 성공했다. 과연 '3점 홈런'의 팀인 LG 트윈스답다고 할까. 결국 우리는 3차전까지 잡으며 29년 만의 우승을 향해 성큼 다가갈 수 있었다.

이는 우리 팀이 만들어온 문화의 결과였다. 시즌 중 거둔 86승 가운데 42승이 역전승이었다. 끝까지 포기하지 않고 역전하는 문화를 선수들이 직접 만들어낸 것이다. 감독인 내가 아무리 얘기해도 선수들이 움직여서 실행하지 않으면 문화를 바꿀 수 없다. 선수들과 코칭스태프가 서로를 믿고 끝까지 함께한 1년. 그 신뢰가 29년 만의 우승을 가능하게 한 가장 큰 원동력이었다.

긴 기다림 끝에 다시 일어선, 자랑스러운 우리의 팀이다.

...

**시즌 중 거둔 86승 가운데 42승이 역전승이었다.
끝까지 포기하지 않고 역전하는 문화를
선수들이 직접 만들어낸 것이다.**

29년 만의 우승,
그 감격의 순간

2023년 11월 13일, 한국시리즈 5차전.

  9회 초, 투 아웃. 배정대가 친 공을 신민재가 잡는 순간 나는 더그아웃에서 하늘을 올려다봤다. 밤하늘 가득 사람들의 환호성이 울려퍼졌다. 마치 함성으로 이루어진 돔 안에 들어와 있는 듯한 착각이 느껴졌다. 29년. 참으로 긴 기다림의 끝이었다.

긴 기다림의 끝

LG 트윈스가 마지막으로 우승한 1994년, 그때 나는 태평양 돌핀스의 선수였다. LG 트윈스와 맞붙은 한국시리즈에서 태평양은 4대 0으로 졌다. 완패였다. 시리즈 마지막 경기, 3대 2로 뒤지고 있던 9회 말에 두 번째 타자로 타석에 서서 3루 땅볼을 쳤던 게 기억난다. 그런데 지금은 우승팀의 더그아웃에 앉아 환호하는 선수들을 바라보고 있다니. 세월이란 참 신기한 것이다.

1998년, 태평양에서 현대로 간판을 바꾼 후 LG 트윈스와 다시 맞붙은 한국시리즈에서는 6차전까지 가는 난전 끝에 현대가 LG를 누르고 창단 첫 우승을 했다. 이후 은퇴 시즌이었던 2000년에 현대가 다시 우승을 했고, 운영팀에서 일하던 2003년과 2004년에는 연속 우승을 거머쥐었다. 그리고 SK 단장으로 있던 2018년에도 우승을 경험했으니, 내 야구 인생에 우승 운이라고 할 만한 것이 제법 있었던 셈이다.

단 하나, 감독으로서의 우승만 제외한다면.

감독으로 맞는 우승은 다른 우승과는 전혀 달랐다. 선수 시절에는 물론 기뻤지만, 내가 우승에 크게 기여하지는 못했다는 생각에 기쁨을 온전히 누리지 못했다. 운영팀에서 일하던 시절에는 우승 후 이어지는 행사를 준비하느라 발에 땀이 나도록 뛰어다녀야 했다. 단장 시절에는 전력을 구성하고 팀의 기초를 다져서 우승을 일구었다는 보람이 있었다. 하지만 그건 반 걸음쯤 뒤에 떨어져서 느끼는 기쁨이었다.

그라운드에서 선수들과 함께 싸우며 얻어낸 이번 우승은 어떤 우승과도 달랐다. 훨씬 감정적이었다고 해야 할까. 한 시즌 144경기를 함께 호흡하며 겪었던 긴장감, 두려움, 환희. 그 모든 것이 얽힌 복잡한 감정이 한꺼번에 밀려왔다.

 LG 트윈스 암흑기의 중심을 운영팀장과 수비코치로 함께했기에 우승이 주는 의미는 더욱 각별했다. 그때 내가 부족해서 팀을 암흑기에서 구해내지 못했던 빚을 이제야 갚았다는 생각도 들었다. 감독 인생 내내 따라붙었던 '어려운 팀을 잘 수습해서 가을 야구에 진출시키지만, 정작 우승은 못하는 감독'이라는 꼬리표를 마침내 떼었다는 후련함도 있었다.

 돌이켜보면 2023년의 이 우승은 결코 쉽게 얻어진 것이 아니었다. 시즌 초반 선발진과 불펜이 무너지며 정말 어려운 시기를 겪었다. 4월에는 거의 매일 잠을 이루지 못할 정도였다. 반드시 우승을 해야만 하는 상황이었기에 부담감은 더 컸다. 하지만 긴 시즌 동안 선수들이 잘 버텨주었고, 구단과 소통하며 그때그때 부족한 부분들을 적절히 채웠다. 그렇게 팀은 점점 단단해졌다.

―

고비의 순간 더욱 냉정하게

가장 큰 고비는 역시 한국시리즈 2차전이었다. KT와의 1차전을 내준 뒤 2차전에서 선발 최원태가 1회를 버티지 못하고 내려가면서 4점을 내준 순간, '이대로 2차전까지 내주면 선수들의 사기가 완전히 꺾일 수 있다'는 위기감이 엄습했다. 동시에 모든 것을 쏟아부어서라도 이 경기를 잡고야 말겠다는 의지가 솟아났다. 정상을 코앞에 두고 미끄러지는 경험은 한 번으로 족했다.

그때 내가 떠올린 것은 2014년 넥센 히어로즈 시절 한국시리즈의 쓰라린 기억이었다. 당시 우리는 4년 연속 우승을 노리는 관록의 삼성 라이온즈를 만나 시리즈 스코어 2대 2로 분투하고 있었다. 경험은 턱없이 부족했지만, 대신 넘치는 기세가 있었다. 딱 한 걸음만 더 나가면 우승이라는 생각이 젊은 선수들에게 엄청난 동기부여가 됐다.

분수령은 5차전이었다. 6회 초 서건창이 적시타를 치며 선취득점을 올렸다. 2차전에서 3이닝을 채우지 못하고 무너졌던 소사는 삼성의 강력한 타선을 꽁꽁 묶었다. 그러던 8회 말, 조상우가 갑작스러운 난조를 보이며 무사 만루의 위기가 찾아왔다. 하지만 마무리 손승락이 세 타자를 공 열 개로 막아내며 한 점도 내주지 않았다. 기적과도 같은 일이었다.

5차전을 잡기까지 딱 1이닝이 남아 있었다. 5차전을 잡으면 우승은 99퍼센트였다. 야구란 그런 게임이다. 조금 과장하자면, 넥센의 한국시리즈 첫 우승까지는 딱 한 이닝이 필요했다.

그러나 야구의 신은 넥센의 손을 들어주지 않았다. 9회 말, 손승락이 아웃카운트 하나를 잡은 상황에서 강정호가 당연히 잡아야 할 쉬운 땅볼을 뒤로 흘러버렸다. 그 에러 하나가 모든 것을 바꿨다. 최형우에게 역전 2루타를 맞으며 역전패를 당한 넥센은 이어진 6차전을 허무하게 내주며 결국 준우승에 머물러야 했다. 경기를 마친 후 너무 아쉬워서 많이 울었다. 간신히 마음을 추스르고 나선 패장 인터뷰에서도 눈물을 흘리고 말았다.

 이번에는 같은 실수를 반복하지 않기 위해 최대한 냉정해지려고 노력했다. 일곱 명의 불펜을 정확한 순간에 투입하며 상대 타선을 틀어막았고, 점수를 올릴 수 있는 기회를 놓치지 않았다. 사전에 철저한 준비와 계획이 있었기에 가능한 일이었다. 그렇게 우리는 2차전을 이길 수 있었고, 그 기적 같은 승리를 발판으로 이후 3경기를 모두 잡아낼 수 있었다. 그렇게 29년 만의 우승을 거머쥘 수 있었다.

 2차전을 승리한 후 나는 일어나는 시간부터 먹는 음식, 야구장에 나서고 경기를 준비할 때까지 모든 패턴을 그때와 똑같이 유지했다. 심지어 같은 속옷을 매일 밤 빨아 다시 입었다. 평소 선수들에게는 징크스가 아닌 루틴을 강조하던 내가 스스로 징크스를 만든 것이다. 그만큼 간절했던 우승이다.

 우승의 축배는 짜릿했다. 통합 우승 기념행사에서는 29년간 묵혀둔 아와모리 소주를 맛보기도 했다. 향이 좋았다. 오래 기다린 우승의 맛이었다.

 넥센의 한국시리즈 준우승 때와 달리 LG에서 우승한 날에는 막상 눈물이 나지 않았다. 지나치게 집중했던 탓에 좀처럼 긴장이 풀리지 않아서 감정이 눌렸던 것 같다. 선수들이 우니까 울컥하긴 했지만, 솔직히 말하면 이제 조금 쉬고 싶다는 생각이 들었다. 모든 것을 소진시킨 후에 찾아오는 홀가분한 탈력감.

"심플하게, 단순하게"

우승이 가져다준 가장 큰 선물은 바로 '여유'다. 절박함이 지나치면 조급함이 되고, 조급함은 실수를 부른다. 여유가 없으면 실수를 극복할 수 없고, 누적된 실수는 결국 실력이 된다. 이것이 과거의 LG 트윈스를 비롯해 많은 팀들이 암흑기의 수렁에 빠지는 이유다. 반대로, 내가 자신 있게 '왕조'를 말할 수 있는 근거이기도 하다. 29년 만의 우승이라는 숙원을 푼 LG 트윈스는 여유와 함께 더욱 강한 팀으로 거듭날 것이다.

감독으로 경험한 우승은 내게도 커다란 영향을 미쳤다. 이제는 스스로에게 계속 주문한다.

"심플하게, 단순하게."

고민의 깊이가 너무 깊은 것도 때로는 독이 될 수 있다. 생각이 너무 많으면 넘어졌을 때 땅을 딛고 일어서는 게 아니라, 오히려 땅을 파고 들어가게 된다. 그럼 팀 전체가 구덩이에 빠지고 만다.

물론 사람이기에 실수도 할 수 있고, 실패도 할 수 있다. 하지만 이제 나는 안다. 실패를 딛고 다시 일어설 수 있는 힘은 언제나 '단순함'에서 시작된다는 것을. 복잡한 세상 속에서도 본질을 잃지 않는 것. 그것이야말로 진정한 승리의 조건이다.

29년이라는 긴 세월 동안 변함없이 응원해준 팬들에게는 특별한 감사의 마음을 전하고 싶다. 팬들의 열정적인 응원이 선수들에게 힘을 주고 책임감을 심어주었다. 긴 세월을 인내해준 팬들과 함께 만든 우승이었다.

우승이라는 숙원을 이뤘지만, 우리의 도전은 끝나지 않았다. 정상에서 바라본 풍경은 새로운 꿈과 비전으로 가득 차 있다. 기쁨의 순간을 온전히 누리면서도, 다음을 향한 발걸음을 멈추지 않는 것. 그것이 진정한 승리자의 모습이다. 29년 만의 우승이 주는 감격은 컸지만, 그 감격보다 더 큰 것은 이제 시작될 LG 트윈스의 새로운 역사를 향한 기대감이다. 비로소 우리는 첫걸음을 떼었다. 가볍게, 그러나 단호하게.

...

팬들의 열정적인 응원이 선수들에게 힘을 주고 책임감을 심어주었다. 긴 세월을 인내해준 팬들과 함께 만든 우승이었다.

6장

지속 가능한 승리의 조건

리더십의 기능은
더 많은 추종자를 만드는 것이 아니라
더 많은 리더를 만드는 것이다.
_랠프 네이더

강팀의 비밀,
팀 케미

좋은 재료가 있다고 맛있는 요리가 만들어지는 것은 아니다. 모든 재료가 잘 어우러져 최고의 맛을 내려면 '화학적 결합'이 필요하다. 야구도, 팀도 마찬가지다. 야구에서 강팀의 조건은 다섯 가지다. 투수력, 수비력, 공격력, 기동력, 그리고 이 모두에서 시너지를 만드는 팀 케미. 즉, 팀의 화학적 결합력이다. 이 중 최소 세 가지 이상에서 A급 역량을 갖추어야 진짜 강팀이 된다.

그중에서도 팀 케미는 특별하다. 다른 네 가지 조건이 아무리 뛰어나도 팀 케미가 무너지면 모든 것이 무너진다. 반대로 개별 능력이 조금 부족하더라도 팀 케미가 좋으면 기적 같은 일이 일어난다. 그것이 바로 2023년의 우승이었다. KBO 역사상 15승

투수 없이 방망이와 불펜의 힘으로 우승한 것은 LG 트윈스가 유일하다.

고참들이 분위기를 만든다

리더나 선수 개인의 노력만으로 팀을 강하게 만들 수는 없다. 팀의 중간 리더들, 특히 고참 선수들의 역할이 핵심적이다. LG 트윈스의 경우 김현수, 박해민, 박동원, 오지환, 임찬규와 같은 고참 선수들이 팀의 중심축이 되어 팀 문화를 단단하게 만들었고, 위기가 닥칠 때마다 이겨내는 데 큰 역할을 했다.

고참 선수 다섯 명을 설득해서 원하는 방향으로 이끌면, 나머지 오십 명은 자연스럽게 따라온다. 내가 직접 모든 선수들을 이끄는 것이 아니라, 중간 리더들이 나머지 선수들을 이끄는 것이다. 그것이 효과적인 리더십의 비결이다.

모든 조직이 그렇듯, 야구단에서도 머리 굵은 고참들을 움직이기는 쉽지 않다. 많은 감독과 코치가 그들을 어려워하며 어린 선수들에게만 집중한다. 하지만 잘못된 접근이다. 야구를 하는 주축은 고참 선수들이므로, 그들을 움직이지 못하면 실질적인 팀의 변화를 이끌어낼 수 없다. 그래서 코치들에게 반복해서 말한다.

"자기 생각이 있고 자기 야구를 하고 싶으면, 고참들을 움직여야 해. 무릎을 꿇든, 이해시키든, 소통을 해서 그들을 설득해야지. 그게 어렵다고 피해버리고 어린 선수들만 데리고 백날 얘기해봐야 아무 소용없다."

이미 자기 야구가 정립된 고참들을 설득하려면 먼저 그들의 야구를 이해해야 한다. 그들이 어떤 방향으로 가고 싶은지, 어떤 야구를 하고 싶은지 파악해야 한다. 나의 야구를 강요하는 것이 아니라, 그들의 야구 안에 내 생각을 녹여내는 것이다. 관건은, 그렇게 함으로써 결과가 나온다는 경험을 쌓게 해주는 것이다.

2024시즌, 한참 타격 부진에 빠져 있던 박해민이 적시타를 치고 누상에 나가 나에게 따봉을 날리는 장면이 화제가 된 적이 있다. 그건 단순한 제스처가 아니라 나의 조언이 결과로 이어졌다는 것을 인정하는 표시였다. 그런 순간이 쌓여 신뢰가 생긴다. 그러면 그것을 본 다른 선수들도 자연스럽게 감독과 코칭스태프를 더 신뢰하게 된다.

경쟁이 아닌 협력

'원 팀'은 단순한 슬로건이 아니다. 누군가의 성공이 누군가의 실패를 감싸줄 수 있는 팀, 바로 그것이 건강한 조직이다. 부족한 부서는 더 나은 부서를 따라가며 보완하고, 서로 고마움을 느끼는 관계가 되어야 한다. 잘한 사람을 칭찬하고 못한 사람을 질책하는 대신, 못한 사람이 잘한 사람에게 고마움을 느끼고 동기부여를 얻는 분위기를 만드는 것이 진짜 리더의 역할이다.

선발투수가 중간투수 때문에 승리를 날렸다고 인상 쓰고 있으면 나는 그 선발을 먼저 혼낸다. 야구는 혼자 하는 게임이 아니다. 선발투수의 승리는 타자들이 점수를 내줬기에 가능한 것이고, 중간투수도 수많은 위기에서 실점을 막으며 팀을 위해 싸운다. 나는 그런 팀워크를 해치는 행동을 용납하지 않는다. 실력과 상관없이, 원칙을 어긴다면 누구든 2군으로 보낸다. 그게 팀 케미를 지키는 내 방식이다.

2025시즌에 LG 불펜은 선발진보다 상대적으로 좋지 않은 성적을 기록했지만 선수들은 위축되지 않았다. 오히려 똘똘 뭉쳐 자발적으로 세리머니를 하며 팀 분위기를 살렸다. 선발투수들도 그 흐름에 자연스럽게 섞이며 서로 격려했다. 더그아웃은 그 자체로 하나의 팀이자 가족이 되었다.

더그아웃 분위기는 경기력에 직접적인 영향을 준다. 긍정적일수록 역전승이 많아지고, 부정적일수록 역전패가 많아진다. 2025시즌 전반기, 개개인의 성적 부진으로 분위기가 침체되며 역전승이 거의 없던 기간이 있었다. 나는 선수들에게 말했다. "성적이 안 좋아도 인상 쓰지 마라. 그게 팀 분위기를 갉아먹는다."

그때도 고참들이 분위기를 살렸다. 박해민은 극심한 타격 슬

럼프에 빠졌지만 주장으로서 선수들을 독려했고, 오지환도 방망이가 안 맞는 와중에 수비에 집중하며 후배들을 북돋았다. 이들이 묵묵히 팀을 지키고 있었기에 LG는 5, 6월의 침체기를 버텨냈다. 그리고 후반기에 역전승을 이어가며 1위 자리를 탈환할 수 있었다.

전반기 마지막 날, 선수들 회식 자리에서 영상통화가 걸려 왔다. 선수들이 한목소리로 "감독님, 걱정 마십시오. 우리가 감독님 재계약 시킵니다!"라고 외쳐줬을 때, 정말이지 깊은 감동을 받았다. 이 조직이 살아 있음을, 내가 아직 올바른 길을 가고 있음을 확인하는 순간이었다.

감독도 노력한다

더그아웃 분위기를 반전시키기 위해 감독들이 사용하는 비장의 한 수가 있다. 일부러 퇴장을 당하는 것이다. 실제로 미국 메이저리그에서는 감독의 어필과 퇴장이 일종의 퍼포먼스로 받아들여지기도 한다.

2025년 4월 11일, 잠실 두산전에서도 그랬다. 한 점 차로 뒤지고 있는 5회 말 공격, 득점 찬스에서 묘하게 흐름이 끊기면서 분위기가 가라앉았다. 나는 퇴장당할 각오를 하고 심판에게 다가

갔다. 그렇다고 '배치기'를 할 생각까지는 아니었는데, 그동안 쌓인 게 조금 있기도 했고 서로 말이 자극적으로 나오다 보니 결과적으로 그렇게 되었다. 물론 나의 잘못이다. 결국 나는 퇴장당했지만, 주장 박해민이 선수들을 불러모아 미팅을 하면서 집중력을 끌어올렸다. 그날 우리는 역전승을 거뒀다.

그런데 어느 순간부터 득점을 하고 더그아웃에 돌아온 선수들이 '배치기 세리머니'를 하기 시작했다. 내가 퇴장당했던 장면을 따라 하는 것이었다. 그 모습을 보자 나도 모르게 웃음이 새어 나왔다. 선수들이 감독을 편안하게 느끼고 있다는 의미였고, 그만큼 소통이 잘 되고 있다는 신호였다.

팀 케미는 하루아침에 만들어지지 않는다. 하지만 리더가 올바른 방향을 제시하고, 고참 선수들이 그 뜻을 이해하며, 모든 구성원이 개인보다 팀을 생각할 때 비로소 진정한 '원 팀'이 탄생한다. 그런 팀은 쉽게 무너지지 않는다.

...

야구는 혼자 하는 게임이 아니다.
선발투수의 승리는 타자들이 점수를 내줬기에
가능한 것이고, 중간투수도 수많은 위기에서
실점을 막으며 팀을 위해 싸운다.

핑계 대지
않는다

—

모든 책임은 나에게 있다

 야구판에서 30년 넘게 일하면서 수많은 사람의 성공과 실패를 지켜봤다. 실패한 사람들에게는 한 가지 공통점이 있다. 스스로를 돌아보지 않는다는 점이다. 이런 사람은 절대 재기할 수 없다. 거기서 끝이다. 반대로 재기하는 사람의 첫 번째 특징은 자기 반성이다. '모든 책임이 나에게 있다'라고 생각하며 변화하기 위해 노력하는 사람만이 다시 돌아올 수 있다.
 대부분의 사람은 실패를 겪으면 핑계부터 찾는다. 자신의 잘못은 보지 못하고 남을 원망하기만 한다. 실패한 감독, 코치, 선수 모두가 갖고 있는 공통된 패턴이다. 프런트에서 일할 때 보면 감독들이 떠나면서 하는 말이 정해져 있었다. "누가 나를 모함해서 밀어냈다", "내 자리를 차지하려고 작업한 사람이 있다" 식의 변명이었다.

내가 분명히 말할 수 있는 것은 하나다. 잘하는 사람은 잘리지 않는다. 정말 그 자리에 있어야 할 능력과 결과를 갖춘 사람이라면 누가 뭐라고 해도 자리를 지킨다. 그러니 떠나는 이가 찾아야 할 것은 '내가 왜 쫓겨나야 하는가'가 아니라 '내가 무엇을 잘못했는가'여야 한다.

떠나는 감독들을 보며 나는 생각했다. '무능해서 조직에서 쫓겨나는 사람이 되지 말자. 만약 내가 능력이 부족해서 결과를 만들어내지 못한다면 스스로 책임을 지자.' 지금도 그 생각에는 변함이 없다.

언젠가 나 역시 LG 트윈스를 떠날 것이다. 가능하다면 내가 추천한 사람이 감독이 되는 모습을 보며 아름답게 떠나고 싶다. 하지만 상황이 그렇게 되지 않는다고 하더라도, 누가 나를 밀어냈다는 생각은 하지 않을 것이다. 언제나 중요한 것은 내가 어떤 결과를 만들어냈느냐다. 누가 누구를 밀어내고 말고의 문제가 아니다.

코치들에게도 항상 이야기한다.

"잘리면 받아들여라. 그래야 다음이 있다."

잘렸다고 원망하고 분노만 하고 있으면 절대 두 번째 기회는 오지 않는다. 그건 사람은 과거의 실패에 묶여버린다. 누구도 고여서 썩어가는 물을 원하지 않는다.

과거 운영팀장과 수비코치 생활을 마무리하고 LG 트윈스를 떠날 때 나는 스스로에게 말했다.

"다시 처음으로 돌아가자, 처음부터 다시 시작하자."

내 안에서 뭔가 잘못된 부분이 있었을 것이고, 그걸 바로잡아야 다음으로 갈 수 있다고 믿었다. 누구를 원망할 시간에 내게 부족한 부분을 공부해서 채워넣으려 했다.

이 책을 읽는 독자들에게도 같은 말을 하고 싶다. 조직을 떠나게 된다면 먼저 자신을 돌아보길 당부한다. 내가 왜 떠나야 하는지, 내가 어떤 잘못을 했고 무엇이 부족했는지를 돌아보는 것이 첫 번째다. 그렇게 하면 핑계를 찾을 이유가 없다.

―

깎아내리는 말들은 흘려 보내라

항상 많은 말이 들려온다. 누가 나에 대해 이런 이야기를 했다더라, 어떤 사람이 구단에 나를 깎아내리는 보고를 올렸다더라 등등. 하지만 나는 그런 이야기를 들으면 그냥 한마디로 끝낸다.

"그래? 알았어."

그 이상은 신경 쓰지 않는다.

긍정적인 이야기는 참고하지만 부정적인 이야기는 내가 직접 확인하기 전까지는 믿지 않는다. 누군가 내 사람에 대해 이야기할 때도 마찬가지다. 다른 사람이 한 부정적인 이야기로 내 사람을 힘들게 할 생각은 추호도 없다.

어느 조직이든 '간첩'은 있다. 야구단이든 일반 회사든 여기저기로 말을 퍼 나르며 갈등을 조장하는 이들은 있기 마련이다. 내게 와서 "누가 뒤에서 내 욕을 하고 다닌다"라며 고자질하는 상황을 숱하게 겪었다. 그런데 알고 보면 그 말을 전한 사람과 내 욕을 하고 다닌다는 사람 둘이 라이벌인 경우가 많았다. 상대를 깎아내리려는 경쟁 심리가 조직에 갈등을 만드는 것이다.

그럴 땐 누구 하나의 손을 들어주면 안 된다. 불필요하게 경쟁하지 않고 각자의 일을 할 수 있도록 조정하면 모두가 행복하다. 그런 사람들이 소모적으로 싸우느라 능력을 낭비하도록 내버려두면 모두의 손해다. 같이 성장해서 팀에 보탬이 될 수 있도록 만들어야 한다.

파가 나뉘면 조직은 망한다. 그래서 나는 두 사람을 따로 식사 자리에 불러서 직접적으로 말한다.

"너는 이런 장점을 갖고 있고, 너는 저런 장점을 갖고 있다. 각자 그 부분을 살려서 가면 된다. 선의의 경쟁을 하면서 발전해나가는 건 좋지만, 서로 대놓고 의식하지 마라. 싸우지 마라."

물론 모든 갈등이 그렇게 쉽게 해결되지는 않는다. 조직에 둘 때문에 문제가 발생해서 득보다 실이 많다고 판단되면 마지막 방법을 쓴다. 둘을 앉혀놓고 정확하게 얘기한다.

"이제 임계점에 왔다. 이대로라면 둘 중 하나는 나가야 한다. 둘 다 장점이 있지만, 지금 상태로는 둘 다 망가진다. 선택해라."

그 정도까지 얘기하면 70퍼센트는 바뀐다. 안 바뀌는 나머지 30퍼센트는 정리해야 한다. 그런 사람은 결국 자기밖에 모르기 때문에 계속 똑같은 문제를 만든다. 공동체 속에서 함께 일하려면 옹졸한 감정을 내려놓을 줄 알아야 한다.

핑계가 현실을 가리는 어둠이라면 반성은 가능성을 비추는 빛이다. 그렇기에 핑계를 대는 순간 성장은 멈추고, 반성하는 순간 성장이 시작된다. 이것이 성공하는 사람과 실패하는 사람을 가르는 가장 명확한 기준이다.

결국 리더십이란 책임을 지는 태도다. 성공했을 때나 실패했을 때나 결과에 대해 가장 먼저 책임을 지는 사람이 리더다. 핑계부터 찾는 리더는 아무도 이끌 수 없다. 실패는 누구에게나 올 수 있다. 하지만 그 실패를 반성을 통해 승화시키는 사람만이 다음 단계로 나아갈 수 있다.

책임지는 사람에게는 늘 다음 기회가 온다. 그것이 내가 배운 진리다.

...
**결과에 대해 가장 먼저 책임을 지는 사람이 리더다.
핑계부터 찾는 리더는 아무도 이끌 수 없다.**

켈리의 마지막 등판

2024년 7월 20일, 잠실야구장.

빗방울이 떨어지기 시작했지만, 켈리는 마운드에서 물러서지 않았다. 자신의 마지막 등판이 될지도 모르는 이닝을 책임지기 위해 그는 계속 공을 던졌다. 하지만 빗줄기는 무정하게 굵어지기만 했다. 결국 3회 초 2아웃 상황에서 게임 취소가 선언되었고, 켈리의 마지막 승리는 빗물과 함께 흘러갔다.

하지만 중요한 건 결과가 아니었다. 그 과정에서 보여준 야구를 향한 켈리의 진심이었다. 적어도 그날 하루만큼은, 그것이 더 중요했다.

'잠실 예수' 켈리와의 이별

케이시 켈리는 LG 트윈스에서 외국인으로는 가장 긴, 5년 반을 함께 뛴 투수다. 1000이닝 이상을 던지며 KBO 역대 연속 5이닝 이상 투구 최장 기록을 세웠고, 2019년부터 2022년까지 포스트시즌에서 올린 LG의 승리는 모두 그의 것이었다. 29년 만의 우승을 확정 지은 2023년 한국시리즈 5차전 선발 마운드에도 그가 있었다.

그러나 어떤 기록도, 어떤 숫자도 팀을 먼저 생각하는 켈리의 마음만큼 빛나지는 않았다. 코로나로 구단 재정이 어려워졌을 때 선뜻 연봉을 양보했고, 딸 출산 시기가 포스트시즌과 겹쳤을 때 미국에 가지 않고 팀에 남는 어려운 결정을 내렸다. 그의 아내와 딸 역시 선수 가족들과 가깝게 지내며 팀의 일원처럼 지냈다. 켈리는 단순한 용병이 아니라 진짜 LG 트윈스의 가족이었다. '잠실 예수'로 불리며 팬들에게도 정말 많은 사랑을 받았다.

그렇기에 켈리와의 이별은 더욱 어려웠다. 2024시즌에 들어와 켈리의 실력은 예전만 못했다. 디펜딩 챔피언인 우리에게는 상대를 압도하는 에이스가 필요했지만, 켈리의 데이터는 계속 하향세를 그리고 있었다. 5월에 공개적으로 외국인 투수 교체 가능성을 언급한 것도 그 때문이었다. 위기감을 주어 디트릭 엔스와 켈리

둘 다 살아나기를 바랐지만, 켈리의 부진은 계속되었다.

비즈니스적으로는 명확한 결정이었다. 하지만 적어도 그 과정만큼은 따뜻하길 바랐다. '켈리를 어떻게 잘 보내줄 수 있을까?' 나를 포함해 코치, 선수, 스태프 모두가 머리를 맞대고 고민했다. 그리고 구단에 요청했다.

"켈리의 마지막 등판을 만들어주십시오."

5년 반 동안의 헌신에 대한 최소한의 예의라고 생각했다. LG 식구 모두가 진심으로 켈리에게 보답하고 싶었다.

7월 20일 두산전, 켈리는 2와 2/3이닝 무실점으로 완벽한 투구를 보여줬다. 타자들도 홈런을 포함해 6득점을 올리며 켈리의 마지막을 응원했다. 하지만 하늘은 무심했다. 갑자기 쏟아진 비 때문에 경기가 중단되었다. 켈리는 더그아웃 뒤편 복도에서 섀도우 피칭을 하며 집중력을 유지하려 애썼다. 경기가 재개되면 어떻게든 마운드에 올라 멋진 피날레를 보여주고 싶은 열망이 느껴졌다. 그러나 결국 '노게임'이 선언되었다. 켈리에게 마지막 승리를 선물해주지 못한 게 너무나 아쉬웠다.

경기가 끝나고 구장 한편에서 진행된 고별식에서 켈리는 눈물을 쏟았다. 우리 모두 울었다. 동료들이 마운드 위에서 켈리를 헹가래로 높이 던져 올렸고, 켈리는 팬들 앞에 큰절을 올렸다.

"KBO에서 뛴 외국인 선수 가운데 이런 환송을 받은 경우를 본 적이 없다. 울지 않으려 했지만 세리머니가 시작되니 눈물이 그

치지 않았다. 선수이기 이전에 인간 켈리로 기억되고 싶다. 팀을 위해 희생한 최고의 팀플레이어로 남고 싶다."

켈리의 마지막 인사였다. 이 자리를 빌려 그에게 말하고 싶다. 당신은 여전히 그렇게 기억되고 있다고.

숫자는 사라져도 사람은 남는다

나는 항상 생각한다. 이별을 잘해야 한다고. 어차피 야구계는 돌고 도는 곳이다. 오늘 떠나는 선수가 내일은 다른 유니폼을 입고 상대가 될 수도 있고, 언젠가는 다시 함께할 수도 있다. 그러니 떠날 때 최대한 섭섭하지 않았으면 좋겠고, 떠난 후에도 가능하면 좋게 기억해주길 바란다.

그런 면에서 켈리의 고별식이 개인적으로 참 좋았다. 고마움과 아쉬움을 표현한 진심 어린 환송이었고, 동시에 LG 트윈스라는 조직이 추구하는 가치를 보여주는 선언이었다. 다른 팀 선수들에게는 'LG는 선수를 인간적으로 대우하는 팀'이라는 메시지를 전했고, 우리 선수들에게는 '이 팀은 구성원을 소중히 여긴다'는 신뢰를 심어줬다. 외국인 선수를 보내며 이런 이벤트를 한 것은 KBO 리그에서 처음이었다. 오스틴 딘을 포함해 다른 외국인 선수들에게도 분명 좋은 영향을 주었을 것이다.

좋은 조직은 떠나는 사람조차 홍보대사로 만든다. 켈리가 미국으로 돌아가서 다른 선수들에게 "LG는 정말 좋은 팀이야"라고 말한다면, 그것이야말로 돈으로 살 수 없는 소중한 자산이다.

성공하는 조직을 만드는 열쇠는 거창한 전략이 아니라 사람을 진심으로 대하는 마음에 있다. 그 진심이 쌓여 신뢰가 되고, 신뢰가 모여 강한 팀이 된다.

감독은 성적을 내야 하는 자리다. 따뜻함을 만드는 자리는 아니라는 말이다. 하지만 내가 이끄는 팀에서 함께한 시간이 누군가에게 따뜻한 성공의 기억으로 남는다면, '리더 염경엽'에게는 또 하나의 자랑스러운 성취일 것이다. 성적만이 아니라 사람을 남기는 것, 선수의 마지막까지 존중과 배려를 잃지 않는 것, 그리고 팀과 팬이 함께 기억할 수 있는 '관계의 역사'를 만드는 것. 달리 말하면, 사람 냄새 나는 시스템을 남기는 것. 그것이 염경엽 리더십의 최종 목표이기 때문이다.

...

**성공하는 조직을 만드는 열쇠는 거창한 전략이 아니라
사람을 진심으로 대하는 마음에 있다.
그 진심이 쌓여 신뢰가 되고, 신뢰가 모여 강한 팀이 된다.**

LG 코치는
'극한 직업'?

—

"직장 상사로 만나기 싫은 감독 1위"

어느 방송사에서 MZ세대를 상대로 '직장 상사로 만나기 싫은 야구 감독'을 뽑는 설문조사를 실시했는데, 1위로 내가 뽑혔다고 한다. 잔소리를 많이 할 것 같아서란다. '재미로 보는 앙케이트'라고 했지만, 아마 우리 코치들은 내심 고개를 끄덕거렸을 것 같다.

실제로 야구판에서 '염경엽 감독 밑에서 일하는 코치는 극한 직업'이라는 말이 나돈다. 처음 넥센 감독으로 선임됐을 때부터도 "이제 죽었다"고 한탄한 코치가 여럿 있었다고 한다. 사실 인정한다. 나와 함께 일하는 코치들은 괴롭다.

일단 공부를 많이 시키고, 자료도 많이 요청한다. 우리 팀만의 독자적인 훈련 매뉴얼을 만드는 것은 기본이고, 모든 기술 훈련은 단계별로 세분화해서 정리하게끔 한다. 그래야 가르치기도 편하고 선수들도 잘 흡수하기 때문이다.

연말에는 코치들과 함께 1박 2일 워크숍을 간다. 지난 1년 동안 우리가 어떤 계획을 세웠고 어떻게 실행했는지, 성과는 무엇이었고 실수는 무엇이었는지, 내년은 어떻게 할 것인지를 각자의 시선으로 발표하게 한다. 나 역시 총평을 하며 살벌하게 잔소리를 하기도 한다. 코치들로서는 몹시 긴장되는 시간일 것이다.

하지만 지도자로서 성공하기 위해 이 정도 노력은 당연하다는 게 내 생각이다. 그렇게 해야만 코칭에 전문성을 키울 수 있고, 선수들도 인정하고 따르게 된다.

흔히 중간 리더를 허리라고 한다. 허리가 부실하면 똑바로 설 수 없다. 마찬가지로, 리더 혼자 앞서 나가봐야 아무 소용이 없다. 결국 멈춰 서서 우두커니 뒤를 바라보거나, 다시 돌아갈 수밖에 없다. 중간 리더들을 빠르고 정확하게 성장시키는 것이 조직 전체를 원하는 방향으로 움직이는 가장 확실한 방법이다.

이를 위해 리더는 첫째, 워크에식(work ethic, 일을 대하는 좋은 태도를 일컬음)을 갖춘 중간 리더를 찾아야 한다. 둘째, 진심 어린 소통으로 그들을 성장시켜야 한다. 셋째, 자신보다 중간 리더들의 성과 보상을 먼저 챙겨야 한다. 그렇게 할 때 조직은 더 단단해지고 충성심은 강해진다.

코치들을 괴롭히는 이유

나는 선수들과 코치들을 대하는 온도차가 심하다. 코치들에게는 엄격하다. 코치들은 미래의 리더들이기 때문이다. 그들에게는 더 높은 기준이 필요하다.

"여러분은 감독이 될 사람들이야. 내가 20년 동안 공부해서 얻은 지식을 자기 것으로 만들면 나보다 더 훌륭한 지도자가 될 수 있잖아. 그걸 힘들다 하면 어떻게 성공하겠어?"

사실 내가 만든 매뉴얼은 내 머릿속 야구의 30퍼센트만 담았다. 나머지는 코치들이 스스로 채워서 자기만의 야구를 정립해야 한다. 그런데 가장 기본적인 것만 담은 그 30도 소화하지 못하면 곤란하다. 그래서 처음에는 코치들을 정말 힘들게 한다. 시간이 지나고 이해도가 높아지면 강도를 낮춘다. 제자리에 머무르는 코치에게는 계속 채근한다.

물론 부작용도 있다. 누가 자기를 힘들게 하는 사람을 좋아하겠는가? 그래서 결과를 만들어야 한다. 힘들어도 내가 제시하는 길을 따라오면 자기 가치가 높아지고 연봉이 오른다는 것을 경험하게 해야 한다. 그게 프로의 방식이다.

나는 나와 함께 일한 사람들이 좋은 리더로 성장하고 큰 성공을 거두기를 바란다. 그러려면 내 리더십이 그들의 삶을 바꿀 수 있어야 한다. 나에게는 이러한 목표 의식이 무엇보다 강력한 동기부여를 주고, 분발하는 계기가 된다. 그들에이 고맙다고 해주면 더할 나위 없는 자부심과 행복감을 느끼기 때문이다.

현재 야구계를 보면, 심재학 단장(기아), 손혁 단장(한화), 나도현 단장(KT), 이강철 감독(KT), 이호준 감독(NC), 이숭용 감독(SSG)이 모두 나와 함께 일했던 사람들이다. 전현직을 합하면 감독 8명과 단장 7명을 꼽을 수 있다. 그들이 성장하는 과정에서 계속 조언을 주고 도움도 주면서 나도 함께 성장해왔다.

그중 홍원기 전 감독은 코치 시절 내게 쓴소리를 아주 많이 들었다. 모르긴 해도 뒤에서 내 욕도 많이 했을 것이다. 하지만 본인이 감독이 된 후 나를 찾아와 했던 첫마디가 "감독님, 그때 저한테 왜 그렇게 하셨는지 이제 이해가 됩니다. 이 위치에 와보니 알겠습니다"였다. 그 위치에 가면 이해가 되는 일들이 있다. 그러니 당장은 이해가 안 되더라도, 훗날을 위해 미리 준비시켜야 한다. 그게 내가 욕을 먹으면서까지 코치들을 닦달하는 이유다.

항상 코치들에게 자기 삶을 선택할 수 있는 사람이 되라고 말한다. 누구한테 잘 보이느냐는 중요하지 않다. 내가 내 일에 얼마나 열정을 가지고 최선을 다하느냐, 단지 그것만이 중요하다. 물론 리더 또한 묵묵히 자신의 일에 최선을 다하는 사람을 알아보는 안목을 갖춰야 한다. 당연한 이야기처럼 들릴지 모르지만, 세상에는 자격 없는 리더도 존재한다. 그런 리더는 아부꾼들에게 둘러싸이게 되고, 그럼 그 조직은 망한다.

리더십은 사람을 움직이는 기술이다. 그 핵심은 두려움에서 비롯된 통제가 아니라 신뢰에 바탕을 둔 영향력이다. 코치들이 단순히 내 지시를 전달하는 것이 아니라, 나와 함께 성장하며 더 나은 리더가 되도록 돕는 것이 내가 추구하는 방향이다. 무엇보다, 그들이 성장할 때 팀도 함께 성장한다.

...

누가 자기를 힘들게 하는 사람을 좋아하겠는가?
그래서 결과를 만들어야 한다. 힘들어도
내가 제시하는 길을 따라오면 자기 가치가 높아지고
연봉이 오른다는 것을 경험하게 해야 한다.
그게 프로의 방식이다.

때로는 팀보다
큰 선택을 해야 한다

감독은 성적을 내야 하는 자리다. 아무리 강조해도 지나치지 않은 사실이다. 하지만 때로는 성적보다 더 중요한 것을 선택해야 하는 순간이 있다. 팀을 지휘하며 나는 그런 순간을 여러 번 마주했다.

넥센 시절, 나는 두 명의 핵심 선수를 메이저리그에 보냈다. 4번 타자 박병호 그리고 팀의 중심이었던 유격수 강정호. 누가 봐도 쉬운 결정은 아니었다. 자기 손으로 가장 강력한 자원을 떠나 보내고 싶은 감독이 어디 있겠는가.

하지만 당시 넥센의 운영 철학은 분명했다. 대기업 소속이 아닌, 자생적인 수익 구조로 팀을 유지하는 구단이었다. 포스팅을 통해 선수를 메이저리그에 보내고, 그 수익으로 운영 자금을 충당해야 했다. 감독이 구단의 방향을 존중하는 것은 당연하다. 나는 그 원칙에 동의했고, 그 시스템 안에서 최선을 다하고자 했다.

박병호에게 도루를 시킨 이유

그렇다고 마지못해 보낸 건 아니다. 오히려 더 철저하게, 더 진심으로 준비시켰다.

박병호와 강정호에게 도루를 시킨 것도 그 때문이다. 홈런만으로는 부족했다. 당시만 해도 한국 타자들의 파워가 빅리그에서도 통할지 의구심이 있었다. 메이저리그 스카우터의 눈에 들기 위해서는 '호타준족'의 이미지를 갖추는 것이 훨씬 유리했다. 스카우터는 기록으로 판단하고, 구단은 투자 규모에 따라 기회를 준다. 나는 그것을 알고 있었다.

도루만이 아니었다. 어떤 타순에 배치할지, 어떤 작전을 수행시키고 어떻게 경기에 활용할지도 모두 메이저리그의 시선을 염두에 두고 결정했다. 단지 좋은 성적을 내기 위한 판단이 아니라, 한 선수의 인생 전체를 위한 계획이었다.

그렇게 우리는 길을 만들었다. LA 다저스에서 류현진이 활약하고 있었지만, 그때까지 포스팅을 통해 메이저리그에 간 야수는

없었다. 그들이 첫 번째 사례가 되었다.

우리 야수들이 메이저리그에서도 경쟁할 수 있음을 보여주고 싶었다. 그것이 한국 야구의 위상을 높이는 일이기도 했다. 강정호의 뒤를 이어 주전이 된 김하성에게도 나는 같은 마음으로 다가갔다.

"항상 대한민국 최고의 유격수가 되려고 노력해라. 그 자리에 오르면, 이제는 메이저리그를 꿈꿔라. 메이저리그에 가면, 그 안에서 또 최고의 선수가 되기 위해 노력해라."

단지 야구를 잘하라는 뜻이 아니다. 핵심은 '인생을 설계하라'는 것이었다. 목표 없는 사람은 바람에 흔들리는 나무와 같다. 지금 자리에서 만족하면 기다리는 건 내리막길뿐이다. 내가 원하는 삶을 살기 위해서는 지금 이 자리에서 목표를 세우고, 그걸 이뤘을 때 다시 다음 목표를 설정할 수 있어야 한다. 그래야 삶이 앞으로 나아간다.

나는 늘 목표 의식을 강조한다. 막연한 꿈은 이루어지지 않는다. "꿈이 있는 사람은 평범하다. 하지만 계획이 있는 사람은 성공한다"라는 말이 있다. 계획이 없고 꿈만 있는 사람은 막연하게 열심히만 한다. 그러나 계획이 있는 사람은 한 단계씩 밟아나간다. 김하성에게도 늘 말했다.

"처음부터 메이저리거 강정호가 되려고 하지 마. 강정호의 현재 모습이 아닌 프로 1년차, 프로 2년차 때의 강정호를 봐야 해."

막연하게 메이저리거 강정호를 보고 따라 하는 것은 그저 '꿈'이다. 하지만 강정호의 프로 1년차, 2년차 때 모습을 보고 단계별로 따라가는 것은 '계획'이다. 2군 선수들은 매일 1군에 가는 꿈을 꾸는데 막상 올라오면 상처 입고 내려가기 일쑤다. 계획을 세우고 단계를 밟아가면서 싸울 수 있는 준비를 해두어야 한다. 물론 그 계획과 방향을 잡아주는 게 지도자의 역할이다.

김하성은 결국 메이저리그에 진출했고, 2023년에는 한국인 최초로 골드글러브를 수상했다. 나는 다시 한 번 확신했다. 꿈은 준비된 사람의 것이고, 목표는 그 꿈을 현실로 이끄는 가장 구체적인 나침반이다.

SK 시절에도 비슷한 선택의 기로에 놓였다. 2020년 시즌을 앞두고 에이스 김광현이 메이저리그 진출을 희망했다. 하지만 넥센 시절과는 상황이 달랐다. 전해에 우리는 시즌 내내 1위를 달리다 막판에 9경기 차를 따라잡히며 코앞에서 우승을 놓쳤다. 전력을 정비해 다시 한 번 우승에 도전해야 하는 팀이었다. 구단은 당연히 반대했다. 김광현 없이 우승하는 일은 분명 쉽지 않았다.

하지만 그의 마음은 확고했다. 언론을 통해 여론을 조금 모으기도 했고, 그 때문에 최창원 구단주가 화를 내기도 했다. 나는 중간에서 김광현의 편을 들며 중재를 했다. 솔직히 말하면, 내 마음 한 편에는 자만심이 있었다. '김광현이 빠지면 어렵겠지만 염경엽은 그런 상황에서도 결과를 만들어내는 사람이다. 그게 나의 특별함이다' 같은 생각이었다. 뒤돌아보면, 시건방을 떤 거다.

결국 2020년은 팀에게나 나에게나 최악의 해가 되었다. 팀은 시즌 내내 하위권을 맴돌았고, 나는 더그아웃에서 쓰러지며 몇 달 동안 병원 신세를 져야 했다. 부진의 이유를 한마디로 정리할 수는 없다. 김광현이 있었다면 결과는 달랐을 것이다. 하지만 후회는 없다. 감독은 팀을 위해 결정을 내리지만, 한 사람의 인생 앞에서는 가끔 팀보다 큰 선택도 해야 한다고 믿기 때문이다.

결국은 함께 이뤄내는 꿈

LG 트윈스 감독으로 부임하자마자 또 다른 선택을 마주했다. 고우석의 메이저리그 진출을 두고 구단에서 내 의견을 물었다. 나는 반대했다. 이번엔 타이밍이 문제였다. 냉정하게 봤을 때 고우석은 아직 준비가 부족했다. 1년만 더 다듬으면 훨씬 좋은 조건으로 갈 수 있었다. 팀 전력도 중요했지만, 무엇보다 선수 본인을 위해서 그렇게 판단했다.

하지만 그의 마음은 이미 떠나 있었다. 나는 알았다. 이 시점에서는 어떤 말을 해도 통하지 않는다. 소통은 타이밍이다. 아무리 옳은 말도 상대가 들을 준비가 되어 있지 않으면 들리지 않는다. 고우석은 이미 결심을 굳힌 상태였고, 나는 그 마음을 존중하기로 했다. 대신 에이전트를 통해 조심스럽게 앞으로에 대한 내 생각을 전했다. 그 말이 당장은 들리지 않더라도 언젠가 그에게 작은 길잡이가 되기를 바라는 마음에서였다.

감독은 성적을 내야 한다. 하지만 단순히 성적만 내는 사람이어서는 안 된다. 아버지가 자식을 생각하는 마음으로 선수의 미래를 함께 설계하는 사람이어야 한다. 당장 오늘 경기를 이기기 위해 구원투수를 사나흘 연속 투입해서는 안 되는 이유도 거기에 있다.

그렇기에 메이저리그는 단순히 선수 혼자만의 꿈이 아니다. 그 꿈은 함께 응원하고, 함께 준비하며, 결국 함께 이뤄내는 것이다. 그것이야말로 야구라는 인생을 함께 사는 우리가 다다를 수 있는 진정한 성공이라고 나는 믿는다.

...

**감독은 성적을 내야 한다.
하지만 단순히 성적만 내는 사람이어서는 안 된다.
아버지가 자식을 생각하는 마음으로
선수의 미래를 함께 설계하는 사람이어야 한다.**

선수를 '키운다'는 것

흔히 선수를 '키운다'는 표현을 쓴다. 그런데 4년 이상 걸렸다면 그것은 키운 게 아니다. 선수가 스스로 큰 것이다. '키웠다'라는 표현을 쓸 수 있으려면 3년 이내에 일정 수준 이상의 성과를 내야 한다.

그렇다고 선수 육성에 있어서 속도가 가장 중요하다는 말은 아니다. 오히려 그 반대다. 속도를 지나치게 의식하다 보면 무리가 생기고 결국 탈이 난다. 육성에서 가장 중요한 것은 이 선수가 어떤 방향으로 가야 성공할 수 있을지를 정확하게 판단하는 지도자의 통찰이다. 방향이 정확하면 속도는 따라오게 되어 있다.

선수는 모두 다르다

투수는 야구에서 가장 민감한 포지션이다. 지도자의 선택이 평범한 투수를 위대하게 만들 수도 있고, 유망한 투수를 평범 이하로 망가뜨릴 수도 있다. 장기적 관점에서 선발을 해야 할지, 중간계투가 적합할지, 마무리로 키워야 할지를 판단해야 한다. 구속을 늘릴지, 변화구를 추가할지, 아니면 피칭 디자인 자체를 바꿀지 방향성을 정하는 것도 지도자의 몫이다.

김영우가 좋은 예다. 고교 유망주로 150킬로미터를 던지는 강속구 투수였지만 제구력이 문제였다. 신인 드래프트에서 다른 아홉 개 구단이 그를 지명하지 않은 것도 그래서였다. 우리는 다르게 봤다. 투구 폼에는 문제가 없었고, 단지 스트라이크를 던지는 손의 감각이 부족할 뿐이었다.

마무리캠프에 참여시키면서 김영우를 위한 특별 프로그램을 준비했다. 전력투구 대신 50~60퍼센트의 힘으로 반복해서 공을 던지며 스트라이크 던지는 감각을 익히게 했다. 매일같이 노력하다 보면 다른 사람보다 늦을지라도 언젠가는 찾게 되어 있다. 김영우는 빠르게 그것을 찾았고, 나는 1군 패전조로 편안한 상황에서 기용하며 그 감각을 실전에서 이어가도록 했다. 결국 김영우는 후반기 우리 팀의 핵심 불펜으로 성장했다.

물론 모든 선수에게 같은 방식으로 접근할 수는 없다. 투수들의 메카닉도 개별적으로 진단해야 한다. 어떤 선수는 투구 폼에 문제가 있고, 어떤 선수는 김영우처럼 손끝 감각의 문제다. 심리적인 문제가 있는 선수도 있다. 문제를 정확하게 찾아내고, 그에 맞는 훈련 방법을 제시해야 한다.

또 내가 코치들에게 강조하는 게 있다. 어떤 상황에서도 '고친다'라는 표현을 쓰지 말 것. '고친다'라는 말은 선수에게 자신이 무언가 잘못됐다는 인식을 준다. 우리는 대신 '채운다'라는 말을 쓴다. "너는 이런 장점을 가지고 있으니까, 여기에 이것만 채우면 진짜 좋은 선수가 되는 거야. 성공할 수 있어."

비슷한 말이지만, 선수가 받아들이는 심리적 무게감의 차이는 엄청나게 크다. 선수에게 '내가 틀렸나' 하는 의심이 아니라 '나는 더 나아질 수 있다'라는 믿음을 심어줘야 한다. 그래야 진짜 변화를 만들 수 있다. 육성은 몸을 키우는 것이기도 하지만, 동시에 마음을 다듬는 일이기도 함을 잊어서는 안 된다.

가장 빛날 수 있는 자리

넥센 시절, 불펜으로 활약한 조상우의 사례는 내게 뼈아픈 교훈을 남겼다. 2015시즌 우리는 4위를 했고, 조상우에게 93이닝을 맡겼다. 꽤 많은 투구수였지만, 내 계산은 분명했다. 다음 시즌에 손승락이 FA로 나가고 나면, 조상우를 마무리로 전환해서 60이닝 이내로 관리할 계획이었다. 그런 계획을 가지고 그래도 최선의 성적을 내기 위해 감독으로서 내린 선택이었다.

그런데 다음 시즌을 앞두고 구단에서 조상우를 선발로 쓰라고 했다. 나는 강하게 반대했다. "올해 많은 이닝을 던졌는데, 내년에 선발을 하려면 볼 개수도 늘려야 되고 구종 개발도 해야 되고, 그러다 보면 캠프에서 부상이 오기 쉽다. 정 시키려면 내년은 마무리를 하고 그 다음 해에 선발을 시켜라."

구단은 끝까지 선발을 얘기했고 나는 버텼다. 결국 한 코치가 찾아와서 고충을 토로했다. "감독님, 중간에서 죽을 것 같습니다. 제가 책임지고 부상 안 오게 해보겠습니다." 주변 사람들이 너무 시달리는 모습을 보고 마지못해 양보했다. 하지만 구단에 분명하게 전달했다. "캠프 때 100퍼센트 부상이 온다고 본다."

예상은 적중하고 말았다. 조상우는 오키나와에서 열린 연습 경기에서 공 5개를 던지자마자 팔이 아프다고 했다. 피로골절이 온 것이다. 예감하고 있던 일이지만, 그래서 더 착잡했다. 보통 피로골절은 몇 달 쉬면 회복된다. 하지만 나는 조상우에게 1년 동안 안식년을 갖도록 했고, 장기적인 선수 생활을 위해 고교 시절부터 문제가 됐던 인대 접합 수술까지 받게 했다.

그 일을 계기로 투수 매뉴얼을 수정했다. 중간투수들의 이닝을 더욱 철저히 관리하기 시작했다. 무엇보다 크게 각성했다. 선수에게는 가장 빛날 수 있는 자리가 있고, 그것을 찾아주는 것이 지도자의 일이라는 사실을 되새겼다. 국가대표 중간투수로 자리매김할 수 있는 선수를 국내 리그 선발 50등으로 만들 수도 있는 것이다. 따라서 지도자는 선수의 포지션을 매우 신중하게 판단할 수 있어야 한다.

우리 팀은 엔트리에 있는 28명뿐 아니라 캠프에 함께한 40명 모두에게 역할을 준다. 아직 다듬어야 하는 어린 선수들에게도 나는 말한다. "너는 올해가 아니라 내년이야. 올해는 왔다 갔다 하면서 경험만 쌓아. 잘할 생각 말고 그냥 편안하게 해."

시즌 플랜은 시즌 끝까지 갖고 가며, 40명의 프레임을 유지한다. 물론 부상이나 다른 사정이 생길 수는 있지만, 주변의 말이나 당장의 결과에 흔들려 즉흥적으로 바꾸지 않는다.

구단에는 미리 계획을 이야기하고 항상 동의를 얻는다. 전력분석팀과도 사전에 이 선수들을 어떻게 활용할지 충분히 논의한다. 만약 구단에서 이견이 있으면 시즌 시작 전에 조정과 합의를 거친다.

시즌이 끝난 후, 다음 시즌 플랜에 주전 자리가 없다면 선수에게 직접 이야기해준다. "내년엔 너를 주전으로 쓰지 않을 거야. 받아들이기 어려우면 다른 길을 찾도록 해." 이 편이 오히려 선수에 대한 예의라고 생각한다.

육성은 장기전이다. 단순히 올해를 보는 게 아니라, 내년, 내후년까지 보는 시야가 있어야 진짜 육성이 된다. 그리고 그것은 정확한 계획, 그리고 일관된 실행에서 비롯된다.

기다려주고 대신 욕 먹어주는 사람

일단 어떤 선수를 키워야겠다는 판단을 내리면, 그때부터는 기다려주고 대신 욕을 먹어줘야 한다. 팬들에게 "저 선수는 염경엽 양아들"이라는 말까지 들을 각오를 해야 한다. 그래야 선수가 키워진다.

유영찬이 마무리를 맡게 된 2024년 여름, 당시 선두 다툼 중이던 기아와의 경기에서 나성범에게 역전 홈런을 맞은 후로 계속 기아만 만나면 부진했다. 이 문제가 1년 넘게 이어지자 팬들 사이에서 기아전에 유영찬을 쓰지 말라는 말까지 나왔다. 하지만 피하는 것이 능사는 아니다. 선수를 위해서나 팀을 위해서나, 언젠가는 극복해야만 하는 문제였다.

2025년 8월 23일, 기아전에 4점 앞서고 있는 상황에서 9회에 유영찬을 올렸다. 세이브 상황은 아니었지만, 나름대로 여유가 있을 때 그간의 흐름을 끊어내기를 바랐다. 유영찬은 사사구를 두 개 내주긴 했지만 결국 막았다. 한 번 막았다는 건 이제 막을 수 있다는 뜻이다. 다음 날은 경기가 1점 차로 타이트하게 흘러갔고, 9회 말 세이브 상황에서 다시 유영찬을 올렸다. 감독으로서 막을 수 있겠다고 판단한 것이다. 위태로운 순간이 있었지만 끝까지 마운드에서 내리지 않았고, 유영찬은 이번에도 막아냈다.

물론 막지 못했을 수도 있다. 그랬다면 나는 남은 시즌 동안 기아전에 더 이상 유영찬을 내지 않는 선택을 했을 것이다. 중요한 건, 최후의 판단을 내리기까지 최대한 기다려줘야 한다는 점이다. 안 된다고 안 쓰면 선수는 절대 성장하지 않는다. 그래서 감독은 어느 정도 고집도 있어야 한다. 든든한 방패막이 되어 뚝심 있게 기다려줄 때, 비로소 선수는 자란다.

장현식도 마찬가지다. FA로 이적한 첫 해, 초반에는 부상으로 빠진 유영찬의 공백을 훌륭하게 채워줬다. 여름이 지나면서 점차 흔들리는 모습을 보였고 팬들의 비난이 쏟아졌다. 나는 기다렸다. 컨디션을 끌어올리기 위해 편안한 상황에 계속 내보냈다. 그랬는데도 반등하지 못하자 결국 2군으로 내려보내는 선택을 했다.

투수가 좀 맞는다고 바로 2군에 내려보내서는 안 된다. 선수에게 슬럼프가 왔다면 그 원인을 정확하게 분석할 수 있어야 한다. 그래서 1군에서 지켜보다가 정말 시간이 더 필요하고 훈련을 늘려야 한다고 판단했을 때 2군에 보내는 것이다. 정확하게 판단하고 계획적으로 해야 한다.

이때도 절대 선수가 좌절감을 가지고 내려가게 하지 않는다.

면담도 하고 메시지도 보내 동기부여를 줘서 내려보낸다. 장현식뿐 아니라 누구든 마찬가지다. 모든 선수는 감독이 써야 하는 귀한 카드이기 때문이다. 지도자가 자신의 슬럼프 극복을 위해 많이 고민하며 함께 노력해왔다는 것을 선수가 확실히 알고 가야 한다. 그래야 2군에서 보내는 시간이 효과적일 수 있다.

누구에게나 편견은 있다. 지도자도 마찬가지다. 때론 괜히 밉고, 보기 싫은 선수가 있을 수도 있다. 미운 아이 떡 하나 더 주라는 말처럼, 그런 선수일수록 장점을 찾고 보듬어야 한다. 내가 그를 부정적으로 보기 때문에 미워지는 것이다. 편견을 버리고 다시 보면, 다른 면이 보인다.

어떤 경우든 실력이 우선이다. 노력하는 사람이 우선이다. 아무리 성격이 맞지 않아도, 아무리 껄끄러운 일이 있었어도, 그 선수가 노력하고 있고 팀에 도움이 된다면 기용해야 한다. 선수는 성적으로 말해야 하고, 지도자는 그것을 편견 없이 알아볼 수 있어야 한다.

각각의 선수들이 모여 하나의 팀이 된다. 단단한 팀이 되려면 먼저 각각의 선수들을 단단하게 만들어야 한다. 육성은 단지 기술을 가르치는 일이 아니다. 한 인간의 가능성을 믿고, 기다리며, 올바른 방향을 제시하는 일이다. 그리고 그 과정에서 가장 중요한 건, 선수가 스스로를 믿을 수 있도록 만들어주는 것이다.

...

**어떤 상황에서도 '고친다'라는 표현을 쓰지 않는다.
대신 '채운다'라는 말을 쓴다.
선수에게 '내가 틀렸나' 하는 의심이 아니라
'나아질 수 있다'는 믿음을 심어줘야 한다.**

왕조는 시스템이다

우승은 끝이 아니라 시작이다. 29년 만의 우승 후, 사람들은 LG 트윈스가 이제 안정 궤도에 올랐다고 말했다. 하지만 내 생각은 달랐다. 진짜 시험은 이제부터였다.

왕조는 한 번의 우승으로 완성되지 않는다. 회사가 한 해 수익이 났다고 다음 해도 수익이 날 거라는 보장은 없다. 중요한 건 조직 구조를 얼마나 단단하게 세우고, 그 구조 위에 얼마나 지속 가능한 성장을 쌓아 올릴 수 있느냐다. 야구도 마찬가지다.

2023년의 우승은 그 시작에 불과했다. 좋은 팀을 넘어 위대한 팀으로 나아가는 첫걸음.

우리의 우승은 완벽해서가 아니라 간절해서 가능했다. 그러나 간절함만으로는 부족하다. 우승의 달콤함은 간절함을 무디게 만들기 때문이다. 왕조가 완성된 팀이라면 편안하게 갈 수 있겠지만, 우리는 이제 막 그 길에 들어선 팀이다. 환희의 순간이 있는 만큼 흔들리는 시간도 따라올 수밖에 없다. 그게 야구다.

2024시즌 우리는 때때로 흔들렸지만, 그 흔들림을 견디며 더 단단해졌다. 당장 우승하지 못하더라도 다음 시즌에 더 높은 확률로 도전할 수 있는 기반을 다지는 것이 더 중요했다. 그렇게 조금씩 쌓아나간 덕분에 2025시즌 초반 핵심 선수들이 줄줄이 이탈했음에도 1위를 달릴 수 있었고, 여러 위기에도 끝끝내 1위를 지켜냈다. 그 경험은 우리 팀이 위기에서도 무너지지 않는 '구조'를 갖추기 시작했다는 증거이기도 하다.

하나는 분명하다. 2023년의 우승이 없었다면, 2024년의 위기를 버텨내지 못했을 것이다. 만약 그랬다면 2025년은 더욱 힘들었을 것이다. 그런 악순환이 거듭되면 암흑기가 찾아온다. 그렇기에 우승은 단지 빛나는 성과만은 아니다. 위기 속에서 흔들리지 않게 해주는 정신적 자산이다.

하지만 현실은 언제나 변칙적이다. 때로는 실패가 예고된 듯한 상황도 온다. 그럴 때마다 '빨리 고치라'는 외부의 요구가 쏟아진다. 여기서 빼서 저기 메우고, 또 다른 데서 떼어 막는 식의 임시방편. 그러나 나는 안다. 그렇게 땜질식으로 운영하다 보면 결국 조직의 뿌리가 무너진다는 것을. 프로야구 40여 년 역사 속에서 우승 후 급격히 몰락한 팀도 많다. 여러 원인이 있겠지만, 공통점은 단기적 성과에 매몰되어 조직의 기본기를 소홀히 했다는 것이다.

그래서 당장은 거꾸로 향했다. 다음 해를 위한 체계를 세우는 것이 더 중요하다고 믿었다. 실패한 팀을 되살리는 일보다, 망가지지 않도록 관리하는 일이 훨씬 더 어렵고 중요하다.

―

때로는 빨리 가기 위해 돌아가야 한다

2024시즌의 핵심 키워드는 '개개인의 성장'이었다. 새로운 선수를 육성하기보다는, 기존 선수들이 한 단계씩 더 발전하는 데 초점을 맞췄다. 우승 후 느슨해질 수 있는 분위기를 개인의 동기부여로 다시 끌어올리려 했다.

그러다 보니 일부 선수는 흔들리기도 했다. 자신이 이미 가진 강점을 살리는 대신 새로운 방향에 욕심을 낸 결과였다. 김현수는 폼을 바꾸며 시행착오를 겪었고, 박해민도 한때 깊은 슬럼프에 빠졌다. 하지만 나는 기다렸다. 스스로 깨달을 시간을 주기 위해서였다. 그런 다음, 시즌 중반부터는 개개인의 야구를 정립하는 데 집중했다. 때로는 빨리 가기 위해 돌아가야 한다.

그랬기에 2025년, 우리는 KBO 역대 다섯 손가락 안에 드는 팀 WAR(대체 선수 대비 승리 기여도)를 기록하며, 강력한 선발진을 구축한 한화 이글스의 매서운 추격에도 불구하고 기어이 1위를 차지했다. 2년 만의 정규시즌 우승, LG 트윈스 역사상 최초의 기록이다. 그리고 앞으로 더 많은 기록이 우리를 기다리고 있다.

우리의 우승은 선수들을 '갈아서' 만든 것이 아니다. 시스템 위에서 이루어진 것이다. 그렇기에 2026 신인 드래프트에서도 남과 다른 선택을 할 수 있었다. 양우진이라는 대어급 투수를 전체 8번이라는 비교적 후순위에서 지명할 수 있었던 건, 피로골절로 회복이 필요한 그를 기다려줄 여유가 우리 팀에 있기 때문이다. 눈앞의 성적에 급급하지 않고 미래를 볼 수 있기 때문이다.

외부 FA 영입도 마찬가지다. 무턱대고 '패닉 바잉'을 하는 것이 아니라, 팀의 기존 토대 위에 부족한 부분을 정확히 채우는 방식으로 할 수 있었다. 우리가 최원태를 잡는 대신 장현식을 데려온 것도 그런 이유였다. 물론 장현식이 많은 팬들의 기대에 부합하지 못한 성적을 올린 것도 맞다. 하지만 시즌 초반 유영찬의 빈 자리를 장현식이 훌륭히 채워줬기에 우리는 승리할 수 있었.

좋은 팀은 감독 혼자 만드는 게 아니라 조직 전체가 함께 만들어가는 것이다. 그래서 구단의 운영팀, 데이터팀, 트레이닝팀과 더 긴밀하게 협업하려고 한다. 단지 현장의 판단만으로 움직이지 않고, 장기적인 분석과 계획을 공유하면서 시스템을 하나씩 쌓아가고 있다. 이 모든 것이 지도자가 바뀐 뒤에도 남아 있어야 한다.

리더의 진정한 평가는 떠난 뒤에 이루어진다. 내가 없어도 조

직이 흔들리지 않고 잘 돌아간다면, 그것이야말로 진정한 리더십의 성공이다. 리더는 조직의 10년 후를 그릴 수 있어야 한다. 지금의 코치가 미래의 감독이 되고, 지금의 고참이 내일의 코치가 되는 흐름. 그 선순환이 유지될 때, 비로소 '왕조'는 시스템으로 완성된다. 그것이 내가 남기고 싶은 진짜 유산이다.

나는 LG 트윈스를 단지 '강한 팀'이 아닌 '오래 강한 팀'으로 만들고 싶다. 내가 떠나더라도 흔들리지 않는 팀. 누구 하나가 빠져도 시스템 안에서 자연스럽게 돌아가는 팀. 후배들이 이어받아 더 큰 성과를 내는 팀. 그것이 내가 꿈꾸는 왕조의 모습이다.

물론 왕조는 하루아침에 세워지지 않는다. 하지만 올바른 방향으로 한 걸음씩 나아간다면 언젠가는 반드시 완성할 수 있다. 결국 리더의 시간은 '내가 떠난 후'를 준비하는 시간이다. 그런 마음으로 나는 오늘도 선수들과 함께 그 길을 걷는다.

...

**지금의 코치가 미래의 감독이 되고,
지금의 고참이 내일의 코치가 되는 흐름.
그 선순환이 유지될 때,
비로소 '왕조'는 시스템으로 완성된다.
그것이 내가 남기고 싶은 진짜 유산이다.**

에필로그

계속하겠습니다

·

한 시즌은 하나의 인생이다.

  나는 그렇게 믿는다. 봄에 시작해 가을에 끝나는 144경기 안에 사람이 태어나서 죽을 때까지 겪는 모든 삶이 압축되어 있다. 좋을 때와 나쁠 때, 성장하는 순간과 좌절하는 순간, 기대와 실망, 환희와 절망. 인생의 모든 희로애락과 상황이 야구장 안에 있다.

  좋은 감독은 좋은 부모와 같다. 지켜봐야 할 때가 있고, 바로 개입해야 할 때가 있다. 자식이 항상 뜻대로 따라와주는 것도 아니고, 때로는 사고를 치기도 한다. 그때마다 부모는 화를 내기도 하고, 걱정하기도 하고, 가끔은 포기하고 싶어지기도 한다. 하지만 결국은 믿고 기다린다. 야구에서 선수들을 대하는 마음도 다르지 않다. 감독은 팀의 성적을 책임져야 하지만, 그 성적은 선수들과 함께 만드는 것이기 때문이다.

감독으로서 몇 번의 시즌을 경험한다는 건, 몇 번의 인생을 사는 것과 마찬가지다. 매 시즌마다 새로운 도전이 있고, 새로운 위기가 있고, 새로운 깨달음이 있다. 그래서 야구는 나를 끝없이 배우게 만든다.

실패했다고 화를 내고, 남 탓하고, 핑계를 대는 사람은 절대 성장할 수 없다. 중요한 건 '계속한다는 감각'이다. 한 경기의 성공과 실패에 감정적으로 휘둘려서는 안 된다. 이기면 우쭐해지고, 지면 절망하는 식으로는 긴 시즌을 버틸 수 없다. 특히 리더가 그런 모습을 보이면 팀 전체가 흔들린다. 감독이 무너지면 팀도 무너진다.

나는 늘 선수들에게 말한다.

"안 되는 것은 없다. 단지 시간이 필요할 뿐이다."

이 말은 나의 야구 철학이자, 동시에 인생 철학이다. 어떤 벽에 부딪히더라도, 어떤 위기가 오더라도 시간을 두고 계속 노력하면 반드시 길이 열린다고 나는 믿는다.

핵심은 꾸준함이다. 노력도 꾸준하게, 분석도 꾸준하게, 소통도 꾸준하게. 끊어지지 않게 계속 이어가는 것. 포기하는 순간 모든 것은 끝난다. 포기한 뒤에 성공을 말할 수는 없다.

야구는 실패의 스포츠다. 최고의 타자도 10번 중 7번은 타석에서 실패한다. 하지만 그 실패를 어떻게 받아들이느냐가 진짜 실력을 결정한다. 실패를 두려워하면 위축되고, 실패에 좌절하면 멈추게 된다. 그러나 실패를 딛고 다시 일어설 줄 아는 사람은 결국 이긴다.

이것이 야구가 인생과 닮은 가장 큰 이유다. 인생도 실패의 연속이다. 계획대로 되지 않고, 예상과 다르게 흘러간다. 하지만 그 과정에서 우리는 성장한다. 실패를 통해 배우고, 위기를 통해 강해진다.

나는 그 원칙을 29년 만의 우승을 이루고 나서도 잊지 않으려 했다. 우승은 끝이 아니라 또 다른 시작이다. 매번 새로운 시즌이 기다리고 있고, 새로운 위기와 과제가 펼쳐진다. 다시 올라설 수도 있고, 다시 넘어질 수도 있다. 그러나 그것도 야구이고, 그것도 인생이다.

야구장에서 보낸 30년 넘는 시간 동안 나는 수많은 인생을 살았다. 선수로서의 실패, 프런트에서의 성장, 감독으로서의 좌절과 성공. 그 모든 시간들이 지금의 나를 만들었다. 그리고 지금도 나는 또 다른 시즌을 준비하며, 또 하나의 인생을 살아가고 있다.

야구는 나에게 단순한 직업이 아니었다.

삶 자체였다.

에필로그. 계속하겠습니다

오늘도 나는 야구장으로 향한다. 때론 흔들리고, 때론 벼랑 끝에 서기도 하지만, 그때마다 다시 시작하고 다시 싸운다. 그렇게 오늘도 한 걸음씩, 묵묵히 앞으로 나아간다.

야구가 인생이라면 인생도 야구다.
포기하지 않는 한 경기는 끝나지 않는다.

야구는 계속되고 인생도 계속된다.
결국, 포기하지 않는 자가 이긴다.

부록

염경엽 리더십 노트

오랫동안 정리해온 리더십에 관한 나의 생각이다. 여전히 휴일마다 펼쳐서 읽고 업데이트하고 있다.

'좋은 부모'와 같은 마음
- 코칭의 첫째 조건은 기술 전수가 아니라 선수로부터 신뢰를 얻는 것이다.
- 꾸준한 관심과 사랑이 먼저다. 지도자의 노력이 진심으로 전해져야 신뢰가 생긴다. 그런 다음에야 기술적 코칭이 효과를 낼 수 있다.
- '사랑'의 잔소리는 사람을 바꾸고 조직을 바꿀 수 있다.
- 사람은 믿어주는 만큼 자라고, 아껴주는 만큼 여물고, 인정하는 만큼 성장한다.

리더십의 바탕은 신뢰
- 자기 분야에서 함께 일하는 동료들에게 확실하게 인정받아야 한다. 그러려면 실력자가 되어야 한다. 실력자가 되기 위해서는 끊임없이 노력해야 한다. 자신의 성공 경험과 실패 경험을 기록하여 확실하

게 인지하고, 다른 분야의 좋은 성공 사례들을 나의 분야에 맞게 바꿔 적용해야 한다. 그럴 수 있는 눈과 귀, 그리고 열린 생각을 가지고 있어야 한다. 이러한 직간접 경험을 바탕으로 꾸준히 발전할 수 있어야 한다.
- 막연히 열심히 해서는 성공적으로 조직을 이끌 수 없다. 조직이 나아갈 방향에 대한 뚜렷한 계획과 방법을 가져라. 구성원에게 각자 확실한 역할과 뚜렷한 계획을 제시해주어라. 리더는 그 계획을 달성할 수 있도록 함께 방법을 찾아주고, 실제 성공 경험을 만들어주어야 비로소 신뢰를 얻을 수 있다.
- 구성원들을 성장시키기 위해서는 가장 먼저 개개인의 성향을 파악해야 한다. 야구팀이라면, 게으르지만 멘탈 좋은 선수는 강하게 밀어붙이는 동기부여로써 이끌어야 한다. 소심하고 쉽게 상처받는 선수는 우선 칭찬해주면서 성공 체험을 만들어줘야 한다.
- 제아무리 성공한 리더, 훌륭한 리더도 모두의 마음을 얻을 수는 없다. 시기하는 사람, 따르지 않는 사람, 적대적인 사람이 30%는 있기 마련이다. 동료 70%에게 인정받는다면 그 리더는 성공한 리더이다.

성공에 이르는 길

1. 노력을 즐기라
- 다들 일을 즐기라 말한다. 그러나 즐기기만 해서는 절대 성공할 수

없다. 피나는 노력이 있어야 한다. 단, 그 노력을 즐길 수 있어야 진정한 성공에 이를 수 있다.
- "한 구, 한 구 내가 던질 곳에만 집중해라. 결과는 생각하지 마라." 인생도 똑같다. 계획을 세웠다면 하루하루 맡은 일을 충실히 해내고 좋은 습관을 꾸준히 실천하라. 그편이 결과를 두고 고민하는 것보다 성공 확률을 훨씬 더 높인다.
- 세상에 공짜가 없고, 쉽게 얻은 것은 쉽게 잃는다. 노력으로 실력과 내공을 쌓아서 내가 계획한 길을 걸을 때, 길게 갈 수 있다. 당장의 성공에 만족하는 순간 내리막이 시작된다는 것을 잊어서는 안 된다.

2. 모든 것은 기본기

- 개인이나 조직 모두에게 가장 중요한 출발점은 '기본'이다. 기본을 소중히 여기고, 모든 과정을 기본에서부터 시작해야 한다. '성공의 기본'은 단순하다. 잘하고 싶다는 마음, 반드시 성공한다는 각오, 신뢰를 얻을 수 있는 능력, 타인을 배려하는 태도이다.
- 주변 사람이 성공하고 성장했을 때 시기하는 대신, 진심으로 축하해주고 그 성장의 이유를 배워 내 것으로 만들어라. 그래야만 자신이 하는 일에서 진정한 최고가 될 수 있다.

3. 속도보다 방향

- 인생과 일에서 스스로 주도하는 삶을 살아야 한다. 그래야 방향을 잃지 않고 계획한 목적지에 다다를 수 있다. 소신 없는 사람은 남에

게 이리저리 끌려다니기 쉽다. 내가 이루고자 하는 일에 대한 확고한 소신을 바탕으로 사람들과 소통함으로써 어려움을 극복하고 끝까지 나아갈 때 성공 확률이 높아진다.
- "안 되는 것은 없다. 단지 시간이 필요할 뿐이다." 안 된다고 생각하기 때문에 안되는 것이다! 성공과 실패에는 당연히 그 이유가 있다는 것을 잊지 말아라!

4. 나만의 특별함
- 기술, 열정, 멘탈, 전략 등등 그게 무엇이든, 성공하려면 확실한 자기만의 것을 가지고 있어야 한다. 따라서 최고의 경쟁자는 상대가 아니라 바로 나 자신이다. 먼저 자신과의 싸움에서 이겨야 한다. 나의 한계는 내가 스스로 만드는 것이며, "이만하면 됐다" 하고 안주하려는 마음을 경계해야 한다. 끝까지 고민하고 노력하며, 그 과정조차 즐길 수 있을 때 비로소 운과 전성기가 찾아온다.
- 전성기를 오래 유지하기 위해서는 철저한 분석과 꾸준한 학습을 바탕으로 자신만의 특별함을 만들어가야 한다. 이러한 태도를 끝까지 지키면서 멋있게 은퇴하는 것이 나의 목표다. 자신이 하는 일을 꾸준한 노력으로 발전시키고, 그러한 노력에 동반되는 고통까지 사랑할 수 있어야 마지막에 이르러 인생의 목표를 이룰 수 있다.

두려움 없는 조직 문화

- 첫째, 구성원이 자신의 일을 좋아하고 즐겁게 할 수 있는 조직 문화를 만든다. 동시에 '내 분야에서 인정받고 반드시 성공하겠다'라는 목표 의식을 가지고 노력할 수 있는 분위기를 조성해야 한다. 이런 문화가 자리 잡으면, 뛰어난 실력을 지닌 인재와 좋은 리더가 함께 목표한 성과를 달성하는 조직이 완성된다.
- 둘째, 잘못한 사람을 찾아내 문책하는 것보다 문제를 해결하는 데 우선순위를 둔다. 문제의 원인이 무엇인지, 무엇을 보완하고 채울지, 어떻게 재발을 방지할지를 모색하는 게 중요하다. 이때 리더가 긍정적인 태도로 분위기를 이끌어야 실패를 딛고 성과를 만들어낼 확률이 커진다.
- 셋째, 다시 도전할 기회를 열어둔다. 구성원이 큰 잘못을 저질렀더라도 과정에서 최선을 다했다면 문책과는 별도로 다시 기회를 줘야 한다. 실패 경험을 자양분 삼아 성장할 수 있도록 리더가 동기부여 해주면 그는 기대에 부응하고자 더 노력할 것이고 조직에 대한 충성심도 깊어진다. 이러한 리더십은 다른 구성원에게도 영향을 미침으로써 조직 문화에 신뢰와 견고함을 더한다.
- 넷째, 실패가 두려워 도전하지 못하는 조직은 최악이다. 승부에는 언제나 책임이 따른다는 것을 잊지 말아야 한다. 핑계를 대지 말고, 무엇이 잘못되었는지 스스로 돌아본 뒤 다시 도전해야 마지막에 웃을 수 있다.

조직을 성공시키는 리더의 조건

1. 전문성과 실력, 그리고 경험

- 해당 분야의 전문성과 리더십을 갖추어야 한다. 정확한 방향과 계획을 제시하고, 구성원을 이끌 수 있는 실력을 갖추어야 한다.
- 조직은 내부적으로는 과정을 평가받고, 외부적으로는 결과로 평가받는다. 따라서 구성원의 업무 수준을 끌어올리고 결과를 내는 것은 리더의 가장 중요한 능력이다.
- 조직을 위해 먼저 행동하고 희생하는 태도를 가져야 신뢰를 얻을 수 있다. 신뢰가 바탕이 되어야 조직을 자신의 생각대로 이끌 수 있다.
- 실패와 성공이 교차하는 어려운 국면에서는 리더와 베테랑 동료를 적재적소에 투입해 조직 전체의 성공 확률을 높여야 한다. 이때야말로 리더의 판단과 역할이 가장 중요하다.
- 조직은 인간적 정(情), 팀 케미, 확실한 내공과 실력으로 이끌어야 성공할 수 있다. 그렇게 할 때 자연스럽게 건강한 시스템이 만들어진다. 이를 위해 리더가 반드시 갖춰야 할 네 가지 덕목은 진실된 마음을 바탕으로 한 소통, 배려, 원칙, 그리고 실력이다. 그리고 무엇보다, 리더 자신이 쌓아온 성공의 경험이 뒷받침되어야 한다.

2. 조직만의 방향성과 원칙 있는 운영

- 원칙과 방향, 배려와 존중, 신뢰와 소통, 희생과 협동, 꾸준한 실천이 결합할 때 비로소 성과가 만들어진다.

- "인생은 속도가 아니라 방향이다." 목표를 명확히 정하고 꾸준히 나아가는 것이 중요하다. 명확한 목표가 없으면 아무리 빨리 달려도 목적지에 도달할 수 없다.
- 리더의 계획과 방법을 구성원에게 확실히 이해시키고 실행해야 한다. 이를 위한 소통을 게을리해서는 안 된다. 이해되지 않은 목표는 아무리 좋아도 무의미하며, 결과적으로 성과도 낼 수 없다.
- 운영 원칙을 구성원들과 사전에 공유한다. 오해나 감정 개입 없이 운영함으로써 팀 케미를 지키고, 베테랑들의 안주를 막는다.
- 매뉴얼은 이론도 중요하지만 사람을 간과해서는 안 된다.
- 팬들에게 좋은 경기를 보여주기 위해서는 지도자의 노력이 가장 중요하다. 나의 생각을 실천하라. 내가 있는 조직에서 당당한 실력자가 되어야 소신껏 일할 수 있다.

3. 동기부여와 팀 케미

- 리더는 구성원이 매일 행복과 자신감을 느끼도록 돕고, 스스로 의미 있는 노력을 할 수 있는 분위기를 만들어야 한다.
- 사람은 누구나 성공하고자 하는 마음, 인정받고 싶은 마음이 있다. 이 마음을 성공과 연결시키려면 구성원들에게 '하고자 하는 열정'을 심어주는 것에서 시작해야 한다. 내적 동기와 외적 동기를 모두 자극해 구성원 스스로 열정을 갖게 해야 한다.
- 간절함과 절실함, 건강한 경쟁심, 승리에 대한 열망이 곧 성공의 원동력이다.

- 구성원이 서로 신뢰하고 협력하는 분위기를 만들어야 한다. 개인 성과보다 팀 전체의 성공을 강조하고, 그에 맞는 기준을 가지고 보상을 준다.
- 위기가 닥쳤을 때 문제보다 해결에 집중하고, 방법을 찾아내 다 함께 실행하도록 만든다.

4. 객관적 자기 평가

리더는 늘 스스로를 객관적으로 돌아봐야 한다. 나는 내 분야에서 충분한 경험과 노하우를 쌓은, 전문성과 실력을 갖춘 리더인가? 그렇지 못하다면, 이러한 조건에 부합하는 실력자와 협력할 수 있어야 한다. 단, 그 실력자를 내가 가고자 하는 방향으로 이끌 수 있는 기본적인 리더십은 반드시 갖추어야 한다.

자신에게 질문을 던져보라.

1) 나는 즐거운 삶을 위해 어떤 노력을 했는가?
2) 나는 내가 종사하는 분야에서 어떠한 특별함을 가지고 있는가?
3) 나는 지금 내가 종사하는 분야에서 어떤 위치에 있는가?
4) 나는 능력을 갖춘 실력자인가?

5. 중간 리더의 육성

리더는 조직 전체를 성장시킬 수 있어야 한다. 이를 위해서는 중간 리더의 역할이 중요하다. 가령, 좋은 야구팀에는 반드시 헌신적인 현장 리더(주장)가 있다. 성장하는 팀에는 전문성을 갖춘 코칭스태프가 있다. 어떤 조직이건 이러한 중간 리더의 발굴과 육성에 많은 노력을 기울여야 한다. 그래야 조직이 단단해지고 함께 성장할 수 있다.

    1) 좋은 워크에식과 기본기를 갖춘 중간 리더를 발굴한다.

    2) 진정성 있는 지원으로 그들의 성장을 돕는다.

    3) 성과를 내도록 이끌고, 진급을 앞당기도록 노력한다.

6. 변화를 만드는 '상향' 리더십

- 자신의 상사, 더 나아가 조직 자체를 움직일 수 있는 능력인 '상향 리더십'을 갖추어야 본질적인 변화를 만들어낼 수 있다. 윗사람을 설득시키기 위해서는 첫째로 실력(전문성)을 갖추어야 하고, 둘째로 상대의 마음을 움직이는 소통이 가능해야 한다.
- 보고는 내가 아니라 보고받는 사람의 수준에 맞춰야 한다. 내가 만족하는 보고서가 아니라 상사가 공감하고 이해하는 보고서가 좋은 보고서다. 상사가 듣고 납득할 수 있어야 설득할 수 있고, 성과를 냄으로써 신뢰를 얻을 수 있다. 그렇게 어떤 상황에서도 상사가 먼저 찾는 사람이 될 수 있다.

7. 시간을 효율적으로 활용하는 업무 방향

- 시간을 때우는 업무 방식은 최악이다. 이해 없는 노력은 노동일 뿐이다. 정확한 방향을 이해한 다음 쏟는 노력만이 진정한 성과로 이어진다.
- 뚜렷한 계획과 일관성, 지속성을 가지고 이끌어야 한다. 막연히 '열

심히'만 강조하는 조직은 무색무취해진다.
- 모든 시간을 의미 있게 사용하라. 1분 1초를 헛되이 흘려보내지 않고 소중하게 활용해야 한다.

8. 끊임없는 공부와 발전하는 태도

- 리더는 조직의 누구보다 더 깊이 고민하고, 더 많이 공부해야 한다. 우리 조직의 성공과 실패 사례는 물론이고 다른 조직(사람)의 성공과 실패 사례를 간접 경험하면서 그로부터 더 나은 선택과 방향을 찾아야 한다.
- 오늘날 리더에게는 계획한 경로가 막히거나 불리한 것으로 드러났을 때 신속하게 방향을 전환하는 '피벗' 능력이 매우 중요하다. 야구에서도 마찬가지다. 기본을 충실히 지키면서도 새로운 흐름에 올라탈 수 있어야 한다. 이를 위해서는 앞서가는 시각과 유연한 대응력을 갖추어야 한다.
- 리더는 항상 자기 분야에서 새로운 트렌드를 이끌고 가장 선두를 달리는 조직을 만들 수 있어야 한다.

9. '함께하는 성공'의 마인드

- 리더는 혼자가 아니라 함께 성장하고 함께 성공해야 한다. 다른 구성원이 성취를 맛보고 성장할 수 있도록 도와야 시스템이 이어진다. 조직은 결국 사람 냄새 나는 '인간적인 시스템'을 갖출 때 가장 강력해진다.

- 세상에 혼자 할 수 있는 일은 없다. 가르침을 주는 사람, 기회를 주는 사람, 반면교사가 되는 사람, 심지어 나를 싫어하는 사람까지 모두 소중하다. 이들의 장점과 단점을 배우며 함께 살아갈 때 더 나은 리더로 성장할 수 있다.

야구 운영의 핵심 요소 5가지

1) 사람: 팀 케미. 서로 간의 신뢰와 희생정신이 진정한 팀 케미를 만든다. 특히 시즌 중 위기를 버티는 힘은 감독과 선수 사이의 케미에서 나온다.
2) 체력: 선수들의 컨디션을 꾸준하게 유지시켜 슬럼프 기간을 최소화시킬 수 있어야 한다.
3) 기술: 뚜렷한 목표와 계획, 방향, 방법론을 바탕으로 가르친다.
4) 데이터: 우리 팀과 상대 팀 모두를 꿰뚫는 과학적 분석이 필요하다.
5) 트렌드: KBO 리그의 새로운 흐름을 만들고 선도하는 팀이 되어야 한다.

좋은 야구팀의 조건 5가지

1) 팀 케미: 감독·코치·선수가 상호 신뢰 속에서 원활하게 소통할 수 있어야 한다.
2) 투수력: 선발·중간·마무리 투수진이 뎁스와 능력을 고르게 갖춰야 한다.
3) 수비력: 센터라인, 내야, 외야의 넓은 수비 범위와 안정적인 송구

능력.
4) 공격력: 파워와 스피드, 작전 수행 능력이 조화를 이루어야 한다.
5) 기동력: 도루 및 '원 히트 투 런' 능력을 갖추어야 한다.

이 다섯 가지 중 최소 세 가지 이상에서 A급 전력을 갖추어야 강팀이 될 수 있다.

성공적인 코칭과 육성의 조건
- 오늘날 선수(구성원)들의 성장 과정은 과거 리더들이 성장하던 방식과 크게 달라졌다는 사실을 잊어서는 안 된다. 힘들게, 많이 시키는 방식은 이미 시대에 뒤처졌다. 이제는 정확한 방법과 이론을 바탕으로, 단순하면서도 효과적인 방법을 리더가 고민하고 또 공부하여 찾아내야 한다.
- 매뉴얼보다 중요한 것은 실행하는 선수들이 그것을 정확히 이해하고, 실전에서 응용하여 성공 경험을 만드는 것이다. 지도자는 꼼꼼하게 그 과정을 점검하고 디테일을 확인해 실패 경험을 줄여줘야 한다.
- 선수(구성원)들이 자신의 분야에서 재미를 느끼며 성장할 수 있도록 이끌어야 한다. 단점을 지적하기보다 장점을 살리고 칭찬을 아끼지 않아야 한다. 성공 체험은 늘려주는 것이 중요하다. 그러면 선수는 재미를 느끼며 스스로 생각하고 노력하게 되고, 결국 예상 이상의 성과를 이루어낸다.
- 나의 야구를 전수하는 것이 아니라 그 선수의 야구를 정립시켜줘야

한다. 따라서 먼저 선수의 성격, 사고방식, 장단점을 이해하고, 이후에 기술적으로 접근해야 한다. 개개인을 향한 진실된 관심이 필요하다.

- 코칭에는 육하원칙(누가, 언제, 어디서, 무엇을, 어떻게, 왜)에 따른 뚜렷한 방향과 실행 계획이 있어야 한다. 즉, 선택과 집중의 과정이 분명하게 설명될 수 있어야 한다.
- 과정을 반드시 단계적으로 관리해야 한다. 각 단계마다 성과와 답을 확인한 뒤 다음 단계로 넘어가야 한다. 마치 셔츠의 첫 단추를 잘못 끼우면 끝까지 맞지 않듯, 기본부터 정확히 실천해야 한다. 처음에는 더딜 수 있지만, 단계별로 제대로 이해하고 넘어간다면 갈수록 쉬워지고 종점에는 더 빨리 도달할 수 있다.
- 소통에도 방향성과 계획이 있어야 한다.
    1) 정서적 소통: 목표 의식을 심어주고 동기부여(내적/외적)를 해준다. 선수의 멘탈을 챙기고, 자신감을 심어준다. 지도자의 진정성과 진심이 전해져야 한다.
    2) 기술적 소통: 확실한 이론과 정확한 분석을 전달하고 이해시킴으로써 성공 경험(훈련과 경기에서)을 늘리는 것이 목적이다. 꾸준한 실행을 촉진한다. 지도자의 열정이 소통의 효과를 극대화한다.
    3) 창의적 소통: 선수들의 '생각하는' 능력을 키워주고, 훈련과 경기에서 응용할 수 있도록 자극한다. 선수들이 쉽게 이해하고 실행할 수 있는 효과적인 훈련 방법을 고안한다. 지도자의 끊임없는 고민이 필요한 영역이다.
- 실패의 원인을 정확히 분석해 이해시키고, 같은 실수를 반복하지

않도록 줄여야 한다. 리더는 구성원이 현재 수준에서 성공을 경험할 수 있는 환경을 마련하고, 빠르게 성장하도록 도울 책임이 있다. 이를 위해 리더 자신도 더 깊은 고민과 꾸준한 노력이 필요하다.
- 무엇보다 실패의 책임을 리더가 앞장서서 지고, 반복되는 실패 속에서도 구성원을 보호하며 기다려주어야 한다. 이런 과정이 구성원에게 책임감과 감사, 충성심을 심어주고 성장을 촉진한다. 한편 조직이 밀어주는 인재는 혼자 힘이 아니라 조직의 투자와 다른 구성원들의 협력으로 성과를 냈음을 자각하도록 해야 한다. 그래야 동료에게 미안함과 고마움을 느끼고 배려심을 가지게 되고, 훗날 좋은 리더로 성장할 수 있다. 인재가 성장한다는 것은 곧 조직의 시스템과 문화가 자리 잡는 과정이기도 하다.

코치를 위한 체크리스트

좋은 선수는 그냥 만들어지지 않는다. 지도자가 좋은 생각, 좋은 코칭으로 만들어가는 것이다. 선수 각각의 메카닉과 장단점을 파악한 후 다음을 정리해보라.
- 뚜렷한(구체적인) 목표
- 뚜렷한(구체적인) 계획
- 뚜렷한(구체적인) 단계별 방향
- 뚜렷한(구체적인) 행동
- 지속적인 실천 여부

위에 나열한 것들을 선수가 제대로 이해하고 있는지, 실제로 좋은 방향으로 가고 있는지 확인하라. 잘못된 점을 발견하면 빠르게 수정하여 올바른 길을 찾아가야 좋은 성과를 낼 수 있다.

큰 성과를 내려면 뚜렷한(구체적인) 목표와 계획, 방향, 훈련 방법, 실천이 필요하다. 여기에 여러 실력자와 성공 경험자의 사례를 학습해 나만의 방법을 만들어나가야 한다. 더불어 끊임없이 보완하고 업그레이드시켜야 한다. 그렇게 많은 고민과 노력을 기울일 때만 제대로 선수를 키워낼 수 있고 오래 지도자로 일할 수 있다.

선수를 키울 때(혹은 팀은 운영할 때), '어떤 계획과 방향성을 가지고' '어떤 단계에 걸쳐' '어떤 방법을 어떻게 주문함으로써' 해낼 수 있었는지 뚜렷하게 이야기할 수 있다면, 그 성과는 코치 자신의 것이라 말할 수 있다.

일과 인생에 관한 생각들

- 내가 야구 감독을 하면서 항상 되새기는 문장이 있다. "시련은 있어도 실패는 없다." ― 정주영 회장
- 생각의 변화가 사람을 바꾸고, 결국 인생을 바꾼다. 어떤 생각을 가지고 있느냐에 따라 관점이 달라지고 보는 눈이 달라진다. 즉, 결과가 달라진다.
- 프로는 결과로 과정을 인정받아야 한다.
- 구성원에게 존경받는 리더가 되기보다는 신뢰를 주는 리더, 도움을 주는 리더가 되어야 한다.
- 리더는 조직을 떠난 뒤 함께한 사람들에게 도움이 된 리더였는가 아

닌가로 평가된다. 도움이 된 리더로 기억되기 위해서는 솔선수범과 겸손한 자세로 끊임없이 고민하고 노력해야 한다.
- 구성원에게 '좋은 습관, 좋은 과정, 꾸준한 실천'의 태도를 심어줄 수 있어야 진정한 리더라 할 수 있다.
- 자신에 대한 확신이 있어야, 자기 일에서도 확신을 가지고 성과를 낼 수 있다. 자기 자신을 믿을 때, 생각하는 모든 것을 이룰 확률이 높아진다.
- 내가 조직에서 최선을 다했음에도 존중받지 못한다면 미련 없이 떠나야 한다. 물질이나 상황에 얽매이면 내 인생을 스스로 선택할 수 없다.
- 인생을 살다 보면 누구나 오해를 받을 때도 있고, 억울한 순간도 있으며, 힘든 시기도 겪게 된다. 이런 과정을 반복하며 사는 것이 삶이다. 인생의 위기마다 핑계를 대고, 화를 내며, 남을 탓하는 사람은 성공할 수 없다. 받아들이고, 반성하고, 책임질 수 있어야 한다. 한 발짝 물러나 자신을 돌아보고, 다시 밑바닥부터 꾸준히 노력한다면 결국 안 되는 것은 없다고 믿는다.
- 배려·겸손·진심·소신·꾸준한 노력을 삶의 원칙으로 삼는 사람은 결국 인정받게 된다. 하고 싶은 말과 행동을 아무 제약 없이 다 한다면, 사람들의 신뢰를 잃고 내 편은 점점 줄어들 것이다. 결국 어느 조직에서도 인정받지 못하고, 인생이 힘들어지고, 성공과도 멀어질 수밖에 없다.
- 역사는 "해보자" 하는 사람들에 의해서 시작되고, "할 수 있다" 하

는 사람들에 의해서 움직여지고, "하면 된다" 하는 사람들에 의해서 행동하게 되고, 드디어 "해냈다" 하는 사람들에 의해서 만들어진다. 진정한 스승은 바로 나 자신이다.
- 호칭은 일시적인 것이다. 영원한 것은 없다.
- 누구나 자신의 인생을 책임지는 리더라는 것을 잊어서는 안 된다.

결국 너의 시간은 온다

초판 1쇄 발행 2025년 11월 12일
지은이 염경엽

발행인 윤승현 **단행본사업본부장** 신동해
정리 금정연 **책임편집** 김경림 **편집** 이민경 **디자인** 규
마케팅 최혜진 강효경 **홍보** 송임선
제작 정석훈 **국제업무** 김은정 김지민

브랜드 웅진지식하우스
주소 경기도 파주시 회동길 20
문의전화 031-956-7429(편집) 031-956-7088(마케팅)
홈페이지 www.wjbooks.co.kr
인스타그램 www.instagram.com/woongjin_readers
페이스북 www.facebook.com/woongjinreaders
블로그 blog.naver.com/wj_booking

발행처 ㈜웅진씽크빅
출판신고 1980년 3월 29일 제406-2007-000046호

ISBN 978-89-01-29875-7 (03810)

ⓒ 염경엽, 2025
저작권법에 의해 한국 내에서 보호를 받는 저작물이므로 무단전재와 무단복제를 금합니다.
이 책 내용의 전부 또는 일부를 이용하려면 반드시 저작권자와 ㈜웅진씽크빅의
서면 동의를 받아야 합니다.

• 책값은 뒤표지에 있습니다.
• 잘못된 책은 구입하신 곳에서 바꾸어 드립니다.